Por Trás dos Muros da Escola

Histórias de vida no cotidiano escolar

Dados Internacionais de Catalogação na Publicação (CIP)
(Câmara Brasileira do Livro, SP, Brasil)

Galvão, Alba Ayrosa
Por trás dos muros da escola : histórias de vida no cotidiano escolar / Alba Ayrosa Galvão, Iracy Garcia Rossi. — São Paulo : Ágora, 2003.

ISBN 85-7183-827-5

1. Educação – Estudo de casos 2. Pais e mestres 3. Professores e estudantes I. Rossi, Iracy Garcia. II. Título. III. Título: Histórias de vida no cotidiano escolar.

03-2684   CDD-371

Índice para catálogo sistemático:

1. Professoras : Cotidiano escolar : Histórias de vida : Educação   371

Compre em lugar de fotocopiar.
Cada real que você dá por um livro recompensa seus autores
e os convida a produzir mais sobre o tema;
incentiva seus editores a encomendar, traduzir e publicar
outras obras sobre o assunto;
e paga aos livreiros por estocar e levar até você livros
para a sua informação e o seu entretenimento.
Cada real que você dá pela fotocópia não autorizada de um livro
financia um crime
e ajuda a matar a produção intelectual em todo o mundo.

Por Trás dos Muros da Escola

Histórias de vida no cotidiano escolar

Alba Ayrosa Galvão
Iracy Garcia Rossi

EDITORA
ÁGORA

POR TRÁS DOS MUROS DA ESCOLA
Copyright © 2003 by Alba Ayrosa Galvão e Iracy Garcia Rossi
Direitos desta edição reservados por Summus Editorial

Capa: **Nelson Mielnik e Sylvia Mielnik**
Editoração Eletrônica: **Acqua Estúdio Gráfico**

Editora Ágora
Departamento editorial:
Rua Itapicuru, 613 – 7º andar
05006-000 – São Paulo – SP
Fone: (11) 3872-3322
Fax: (11) 3872-7476
http://www.editoraagora.com.br
e-mail: agora@editoraagora.com.br

Atendimento ao consumidor:
Summus Editorial
Fone: (11) 3865-9890

Vendas por atacado:
Fone: (11) 3873-8638
Fax: (11) 3873-7085
e-mail: vendas@summus.com.br

Impresso no Brasil

*A razão tem corações que
o próprio coração desconhece.*

Iracy

*À Alba, pelo espírito de luta, pela coragem, pela humildade, pela
sagacidade, pela vida que viveu e pelos sonhos que sonhou. Que esta
publicação seja uma homenagem, embora póstuma. Em boa hora.*

Agradecimentos

✳

Àqueles que com suas histórias
nos inspiraram.

Aos nossos familiares e amigos
pelo incentivo.

À Eva Furnari
pelo apoio.

A Marco Antonio Garcia Rossi pela
digitação e editoração iniciais.

À Yvonne Capuano
por seus empurrões.

À Sylvia Machado por acreditar
em nosso trabalho.

À Edith Elek, pela oportunidade.

SUMÁRIO

✳

Prefácio 11

QUANDO TUDO COMEÇOU 13
Introdução 15
Primeira vez 17
Talvez falte alguma coisa 21
Dois lados da mesma... cena 23
Robin + Son 28
Pedro, o índio 31
Era um carro cor-de-rosa ou... de como diminuir a população
   com rapidez 34
Lola 37
Acredite... se quiser 41
Tratamento de choque? Ou tratamento de lóqui? 46

ALBA 51
Um dia escreverei um livro 53
A marca de uma vida 56
São as mãos que estão sujas? 60
É melhor ouvir isso que ser surdo 63
Quando o sentimento venceu a ciência 68

Diferentes formas de amor — julgá-las? Eis a questão 74

As salas da vida — com ou sem tapetes? 80

VARIAÇÕES SOBRE O MESMO TEMA 85

Brincando de escrever 87

Vialejar é preciso 88

Liber mundi ou o livro 91

Soemêg sod osac O 93

Há mais mistérios entre o céu e a terra do que sonha uma bem-intencionada educadora 96

Tainá 1 99

Tainá 2 101

Numa bandeja de prata 104

Podres poderes 108

IRACY 113

Escrevendo 115

Com "s" ou com "x" 117

Eu sei o que você vai dizer 119

Um caso de professor 121

O periquito 123

Como um risco branco no céu 126

Rotina 129

Joãozinho e Maria, ou melhor, Tutti 133

RE-ESCRITURAS 137

Reescrevendo 139

Nem todas as estradas levam a um porto 1 141

Nem todas as estradas levam a um porto 2 144

Mas... a revolução acabou? 149

Nostalgia 153

AUTOBIOGRAFIAS 159

Alba 161

Iracy 163

Prefácio

✳

Posso dizer que o caminho dessas duas admiráveis amigas, Alba e Iracy, cruzam o meu, não só pela amizade e pelo interesse em comum, a criança.

Nesse caminho, enquanto eu escrevo *para* as crianças, minhas amigas escrevem *sobre* elas. Eu, ficção e elas, realidade. Realidade, em alguns casos, que supera bem de longe a ficção. O livro *Por trás dos muros da escola* traz histórias bem-humoradas, envolventes, que nos levam ao riso, à tristeza, à reflexão e às vezes até à revolta.

Nas linhas e entrelinhas dessas histórias, as autoras lançam um olhar observador sobre nossas famílias, que revelam, como num levantar de tapete, o escondido debaixo; famílias bem diferentes daquelas felizes das propagandas de margarina na TV.

É quase um olhar de espanto, ao qual unimos o nosso de indignação, sobre o desamor e a desestruturação de certos lares. Esses lares, geridos por malformadas maternidades e paternidades, vão se repetindo de geração a geração, como uma herança perversa, pela qual não temos nem a quem culpar.

Mas, mesmo sem ter a quem culpar, entendemos que a consciência é a luz que pode transformar essa realidade.

Alba e Iracy são pessoas que, ao exercerem sua vocação de magistério, iluminam não apenas as crianças em seu crescimento, como também as famílias mal-amadas, que raramente têm chances de orientação e de aprendizado.

Ao escreverem este livro, elas iluminam mais uma vez, contando verdades, trazendo consciência, divertindo e partilhando conosco seus caminhos.

Eva Furnari[1]

---

1. Eva Furnari é uma artista da imagem e escreve para crianças. Entre suas inúmeras obras estão: *Coleção Peixe Vivo, Truks, Anjinho, A bruxinha e o Gregório, O feitiço do sapo, A bruxa Zelda e os 80 docinhos.*

Quando tudo começou

Introdução

✳

Foi em setembro de 1995. Alba acabara de ter um infarto e se recuperava. Visitei-a já em casa, na melhor fase. Nossa amizade alcançava quase duas décadas e conhecíamos alguns dos sonhos uma da outra. Sempre gostei de escrever e Alba contava casos como ninguém. Os casos da realidade do nosso dia-a-dia... Quantas vezes ouvi-a dizer: "Ainda vou escrever uma história!". Além disso, minha amiga era muito sensível ao escrever. Sabia causar efeito.

Na visita que lhe fiz, perguntei o que achava de escrevermos um livro juntas; um livro de casos pitorescos da educação; casos que mostrassem o outro lado — o nosso...

— Topo, disse ela. Quando começamos?

— Na próxima quarta-feira, pode ser?

Começamos um trabalho juntas. Brincamos. Rimos. Choramos. A lembrança dos casos (nem sempre nossos) nos fez retomar nossas próprias histórias. Remexemos nossos egos e traçamos a cardiografia das nossas razões. Por trás das cortinas, vimos o inverso da medalha e pudemos varrer os medos de debaixo do tapete. Confrontamos utopias, fazendo vibrar o som da vida, e não importa se não conseguimos a maestria dos mestres. O que importa é que continuamos nosso caminho do viver com mais leveza, porque, ao nos virarmos do avesso, limpamos a alma, curamos a dor do educador. E, dentro de nossa razão, encontramos um coração com movimentos distintos de amor. E descobrimos que a razão tem corações que o próprio coração desconhece...

Em 30 de maio de 2000, um câncer tirou Alba de nosso convívio. Ela desistiu, depois de muitas batalhas; para nos deixar, ela se preparou e preparou os seus entes queridos.

Quanto ao livro que escrevemos juntas, fizemos algumas revisões ainda em 2000; discutimos capa, dedicatórias. Alba sonhava com o livro publicado, bem-aceito, considerado a ponto até de virar novela de TV...

Logo que o terminamos, em 1998, procuramos algumas editoras, indicadas por amigos. Mas nada resultou em publicação.

No final de 2002, uma nova oportunidade surgiu, por intermédio da editora Ágora, do Grupo Summus. Sylvinha Machado, mãe de exalunos tanto de Alba como meus, levou o livro para Edith Elek, nossa editora. Uma série de lindas "coincidências" coroaram as negociações, entre elas a de Edith me dar o "sim" para a publicação no dia do aniversário de Alba, fato que ela desconhecia.

Assim, a Ágora abriu espaço para que possamos compartilhar principalmente a alegria de contar os "casos" e nos contar. Alegria de saber que o livro que compomos se fez semente em tempo de dispersar. Que seja acolhido em terras de bom coração. Alba — de lá onde está — sorrirá. Eu agradeço.

Iracy Garcia Rossi

Primeira vez

✳

Frio na barriga. Ansiedade. Calores.

Sempre tem uma primeira vez para tudo: dormir fora de casa, brigar, procurar emprego, fazer xixi no vaso sanitário, comer jiló (e adorar!), arriscar uma opinião (embora com medo da vaia), usar sutiã, confessar a ignorância e até mesmo fazer uma entrevista com pais, como orientadora educacional.

A chefia me empossara na função, pois me considerava *jeitosa* — entendia de crianças, deveria também entender de pais. E era um tempo em que eu estava começando a entender o que é ser mãe!

A entrevista fora marcada. Contei à chefia que prometeu estar comigo no devido momento; assim eu aprenderia, do modelo original, os procedimentos corretos de uma entrevista e ficaria mais segura para enfrentar as próximas. Explicou-me, na ocasião, que por o casal Matias Pavão ser um tanto complicado seria melhor ela coordenar a entrevista. Além do mais, trataríamos do caso do filho mais velho do casal — o Pavãozinho — que andava impossível na 2ª série.

Preparei-me. Peguei o prontuário (palavra antiga e um tanto policialesca, argh!) do aluno, falei com a professora de classe e, quando fui discutir com a chefia o caso, ela não quis, dizendo ser desnecessário, já que estaríamos juntas na entrevista.

Chegou o dia "D". Os pais estavam na minha sala na hora marcada. Mesmo tendo a chefia do meu lado, sentia a cabeça quente, latejando, o estômago gelado, os olhos apertados e a boca seca. Sintomas conhecidos...

Sentamos todos, a chefia me apresentou como a nova orientadora (ou seria orientadora nova?), fez os elogios esperados e ... *passou a bola*, literalmente falando.

— Peço licença. Tenho algumas coisas urgentes para ver. Tão logo me livre, voltarei. Estou certa de que os senhores serão muito bem atendidos.

Dizendo isso, levantou-se e no percurso até a porta acrescentou um "até loguinho!" que não só me causou um nó no estômago como também na garganta.

Tive vontade de matar a chefia, mas... sorri, abri o prontuário (argh!) da ave em questão, quer dizer, do Pavãozinho, e comecei (a ladainha? o pai-nosso? Não! Creio que era um... credo!):

— Seu filho é nosso aluno desde o começo da 1ª série. Teve um processo regular no ano passado, embora algumas atitudes já fossem estranhas. Agora, na 2ª série, temos observado que num dia ele sabe tudo e no outro, nada. Fica disperso. Diz que dói a barriga. Em outros momentos, a energia é tanta que ele derruba tudo e até bate nos colegas. A professora teve de intervir várias vezes. Há ainda o dado que ele tem vindo com marcas no corpo, como se houvesse levado uma surra...

— Está vendo, Jarbas? Você não pode bater nele de cinta!

— Você não dá educação a seu filho e espera que eu faça o quê? Ele responde que não quer saber de nada. Mas tem de aprender a obedecer. Vai continuar apanhando até aprender.

— Você, como pai, tem de ajudar na educação das crianças. Não se educa batendo! (Até que uns tapinhas de vez em quando resolvem!). Mas com o Zinho você está exagerando. Não permito que você continue batendo nele assim — e ela lhe apontava o dedo ameaçador.

O tal Jarbas levantou-se e já não falava. Gritava.

Uma terrível sensação de absurdo tomou conta de mim. Estava perplexa. Não acreditava no que via e ouvia. Parecia uma cena saída de um filme de terror...

Em segundos, como num filme muito acelerado, lembrei-me de minhas aulas de Psicologia, Metodologia e Prática de Ensino — tá certo que eu me distraía escrevendo bilhetinhos e passando-os por debaixo da carteira e também ficava desenhando centenas de corações com o nome do João —, mas tenho certeza de que nenhuma daquelas aulas me preparou para o momento em questão.

Fui despertada de minhas divagações pelo som de um soco na mesa. Não era ficção, então? A cena continuava diante dos meus olhos. Respirando fundo, fui buscar o autocontrole provavelmente atrás dos montes do Tibete e comecei a recolher tesoura, cortador de papel, régua, enfim, tudo o que havia sobre a minha mesa e pudesse de alguma forma ferir. Naquele momento, senti que eles iriam *se pegar* ali na minha frente.

Atordoada, levantei-me e dei um murro na mesa com bastante força e gritei mais alto que eles:

— ONDE VOCÊS PENSAM QUE ESTÃO? ISTO É UMA ESCOLA! UMA ESCOLA, OUVIRAM? NÃO É A CASA DE VOCÊS! AQUI NÓS VAMOS TRATAR DO PAVÃOZINHO, E COM MUITA CALMA, MUITO RESPEITO. SEU FILHO MERECE RESPEITO E EU TAMBÉM. SE NÃO FOR ASSIM, OS DOIS PODEM SAIR JÁ DAQUI E NÃO VOLTEM MAIS!...

Sentei-me, relaxando um pouco as mãos que seguravam com força a mesa. Os dedos doíam e controlei-me para não bufar. O sr. Jarbas sentou-se também. Dona Vitória chorava baixinho.

— Desculpe, dona Iara. (A voz era mansa e baixa.) Vamos tratar do problema que nos trouxe aqui. Desculpe. A senhora tem razão...

E assim foi minha primeira entrevista. É lógico que depois falei poucas e boas para a chefia que só ria, ou melhor, gargalhava. Disse que aquela entrevista fora meu *batismo de fogo* e felizmente acertara, escolhendo-me. (Argh!)

Até hoje fico pensando: minha vida de orientadora teria sido mais fácil ou mais difícil se a chefia estivesse comigo durante a primeira entrevista? Mudanças exigem atitudes drásticas, doloridas, sempre? Crescer é sofrer e depois relaxar, para ter de sofrer de novo?

Sei, hoje, que sou orientadora de mim mesma. E fica uma questão ainda: é que existe gente mais velha do que eu que pensa que orienta os outros. Bem, mas esse assunto é de outra história...

Talvez falte alguma coisa

✳

Que desatino estava essa cidade!

Sair do Shopping Iguatemi e chegar à rua Monte Alegre era uma maratona digna de olimpíada.

Ana ligou o som do carro para relaxar, já que não tinha outra saída a não ser esperar o trânsito fluir. Acendeu o cigarro e começou a observar o caminho da fumaça. Uma tragada, uma baforada. E o vento levava-a sempre para o mesmo lado. Tossiu. Quantos cigarros teria de fumar para uma nuvem formar? Que besteira pensar nisso agora. Pensar na fumaça, o mesmo que não pensar. E era disso que precisava. Mas não agora.

E foi passando mentalmente sua agitada agenda do dia:

- Deixar o Renato na psicóloga.

- Ir até a casa de carnes pegar os patos para o jantar do dia seguinte em homenagem ao cônsul (aconteceria em sua residência e no menu, como prato principal, seria servido pato ao tucupi).

- Passar, em seguida, no antiquário, para pegar o vaso chinês que estava sendo reparado.

- Dar um pulinho em Madame Peltier para pegar aquela roupa deslumbrante que iria matar de inveja todas as *socialites* quando a Joyce publicasse a reportagem sobre o jantar.

• Aí era só pegar o Renato de volta e... casa — um relaxante banho de hidro, de pelo menos uma hora, uma maquiagem leve e suave, uma roupa bem *blasé* e um uísque com gelo para esperar o marido, pois iriam à casa de Luísa e Cláudio jantar e jogar uma biribinha.

Oh! Meu Deus! Tudo parado! O que adianta essa rádio ficar anunciando que o trânsito está congestionado... Eu estou VEEENNNDO! Infelizmente estou nele.

— Filho, chegaremos atrasados à psicóloga. Também eu falei mais de cem vezes para você sair do bendito brinquedo e umas duzentas para você comer logo o McBacon. É, agora você dorme no carro como sempre, não conversa comigo e eu que fique louca no trânsito. Ainda por cima, falando sozinha. É demais, viu. Mãe sofre mesmo.

Ah! Finalmente chegamos à rua Monte Alegre, graças. Deixo o carro com o manobrista e subo correndo.

— Boa tarde, seu Valdomiro. Aqui estão as minhas chaves. Estou morrendo de pressa, pois já estou hiperatrasada para a consulta do Renato. Vamos, Renato, corre! Ainda bem que a sala da Teka é no térreo. Boa tarde, Júlia, tudo bem? Desculpe o atraso, mas o trânsito está terrível e com a autoridade que eu exerço sobre o meu filho não consegui fazê-lo comer mais rápido. Sabe que levei cinqüenta minutos para vir da Faria Lima até aqui? Você acredita? Vou deixar o Renato e daqui a quarenta minutos volto para apanhá-lo.

— Sim senhora, dona Ana. Mas onde está o Renato?

— Está aqui, não está ven... Ué, cadê ele?!!

Ana saiu correndo do consultório, sendo seguida pela recepcionista, Júlia, e encaminhou-se ao estacionamento.

— Seu Valdomiro, onde está o Renato?

— Sei não senhora, uai.

— Como não sabe? O senhor me ouviu mandá-lo correr enquanto eu lhe entregava as chaves, não foi?

— É, dona, mas aquela hora a senhora tava falando com ninguém, porque só tinha a senhora mesmo no carro.

— ...???

Meu Deus! ESQUECI MEU FILHO NO SHOPPING...

Dois lados da mesma... cena

✳

— Lourdes, do céu! Você marcou essa entrevista para hoje, sexta-feira de uma semana de cão?!

— Por quê? O que foi que eu fiz de errado? Você não pediu para marcar com urgência o contato com essa família?

— Me desculpe. Você está certa, fez o correto. Eu é que estou apavorada, pois esse caso é difíííííííícil... E se a razão manda que eu tome logo uma providência o cansaço em lidar com essa família manda protelar o mais que eu possa. Foi bom. Resolvo logo e pronto. O Gustavo está uma *ilha*. Fez um acordo com o *Senhor dos Mares* para que em torno dele as águas fiquem bem revoltas e ninguém consiga navegá-las. Assim ele se protege de tudo e de todos que o cercam.

Peguei minha agenda das mãos da secretária, afaguei-lhe o ombro, dei um sorriso e saí da sala, sentindo um enorme peso nos ombros. Como dizer a uma mãe que olhe para seu filho? Como convencê-la de que a criança da casa *é ele* e não ela? Tina, a mãe, não tinha a mínima idéia do que era ajudar na formação de um ser, apesar de ter três filhos e, pasmem, ser professora na ativa. Era completamente tresloucada. Fazia sempre só o que lhe dava na cabeça, inclusive em relação à educação dos filhos. "Preciso cuidar de mim, achar o meu espaço", dizia ela.

Quando Gustavo entrou na escola, tinha três anos e meio. Lembro-me de que tive dúvidas em aceitá-lo (não por ele, mas pelo perfil da família). Fiquei pensando se nossa escola seria o melhor para ele. Pequena, ela desenvolvia uma pedagogia mais alternativa, mas a cidade também era muito pequena, com uma sociedade exigente e tendências moralistas fortes (ao menos nas aparências). Enfim, uma típica cidade do interior. Mas... a crise estava feia, a escola precisava de alunos e minha defesa cairia por terra diante da primeira argumentação do diretor. Porém, a dúvida permanecia: seria possível uma convivência pacífica entre duas realidades tão opostas? Já na primeira entrevista, da seleção de alunos novos, não acreditei no que ouvia:

— Sabe, meu marido e eu defendemos uma educação aberta, objetiva e direta. Sem preâmbulos. Outro dia o Gustavo veio com a famosa pergunta: "De onde vêm os bebês?". Nós acreditamos que tudo o que existe envolvendo o amor entre um homem e uma mulher é belo (ela usa muito a palavra *belo*), limpo e sadio. Nada deve ser escondido ou maquiado. Assim, quando a pergunta surgiu, meu marido e eu fizemos amor para ele ver.

— Ele tem que idade mesmo? — perguntei boquiaberta, pelo que ouvia e imaginando como as famílias provincianas de nossa cidade reagiriam diante de tal narrativa.

— Na época, há seis meses, tinha acabado de completar três anos. Achamos que explicar só em palavras, com a famosa historinha da sementinha, ficaria muito... muito abstrato, não é? Só que até hoje não sei se ele entendeu que transar é gostoso porque, como sou muito fogosa e grito muito, acho que ele ficou assustado!

Naquele momento eu soube que aquela criança precisaria de ajuda, e o trabalho com a família seria bem difícil. Além de serem loucos sozinhos, contava-se ainda com uma presença marcante na família — Tânia, uma psicóloga de talento bastante duvidoso, que era a guru do casal.

Gustavo já estava agora no pré. Coisas aconteceram. Como prevíramos, o trabalho até ali havia sido duro, mas ainda tínhamos esperanças.

Entrei na sala de entrevistas, apertei a tecla do interfone e falei para a recepcionista encaminhar a entrevistada.

Eis que surge, bela e formosa, ela, a mãe de Gustavo.

— Gente, que loucura, que correria. Moro próximo à escola e consigo chegar atrasada. Mas é que na hora de sair a Clarisse não queria dormir, o Leozinho berrava porque levou uma reguada na cabeça — o Gustavo estava lendo, o Leozinho fez bagunça e a régua voou da mão do Gustavo para a cabeça do Léo. Apenas um caos, e por mais que eu me esforce não consigo ter uma casa normal. Agora mais essa: quando o doutor Gustavo lê, ninguém pode dar um pio.

— Sabe o que é? Ele está adorando ler — disse isso com certa ênfase, tentando trazer Tina para o assunto da entrevista.

— Eu soube que ele leu para você.

— E maravilhosamente bem. Seu filho está alfabetizado completamente e ainda é setembro! Me conta como foi o incentivo em casa?

— Nenhum. Eu não tenho tempo. A menina está com meses e me toma um tempo danado. O Leozinho, com três anos, também não larga do meu pé. E o Gustavo, coitado, se vira! Antes ele tinha a avó para dar algumas orientações. Agora, como arrumei um novo companheiro, ela se mandou. Disse que se tenho tempo pra arrumar outro homem que me vire com meus filhos.

— Você voltou a trabalhar já faz dois meses. Acabou a licença maternidade, não foi? E quem cuida das crianças?

— Arrumei uma empregada e uma babá. Os pequenos ficam bem com ela, mas o Gustavo... Você não imagina! Ele chuta até as paredes.

— Não são ciúmes? Um bebê na concorrência e, além disso, alguém que está entrando para substituir o pai, certo?

— Você acha que ele precisa de uma psicóloga?

— Bem... Acho que temos de pensar na possibilidade...

— Mas a Tânia, que considero como mãe e as crianças respeitam muito, acha que não! Diz que o Gustavo é inteligente, criativo, esperto, forte. Vai entender tudo e dar a volta por cima.

— E você, o que acha?

— Não sei. Preciso de uma orientação. Agora que o Danilo veio morar na minha casa... Fico um pouco preocupada...

— Como é o Danilo? O que ele faz?

— Ah, ele é professor como eu. Como a grana anda curta, ele está atrás de complementar o orçamento familiar. Parece que vai dirigir a clínica da Tânia, embora não entenda nada de administração. Ele também lê tarô. E é, cá entre nós, um *pedaço* de homem! Moreno de olhos verdes, inteligente, na onda!

— Como anda o pai do Gustavo? Vê sempre os filhos? Aceitou bem a separação? Parece-me que ele não conseguia engolir as suas razões, era isso?

— Ele continua dizendo que sou uma louca desvairada, que ama as crianças e, se eu quiser, volta pra casa. Deus me livre! Não agüento a rabugice dele! Além do mais, apaixonei-me pelo Danilo quando estava grávida de dois meses da Clarisse. Agüentei o Fran até demais. Não quero mais saber! Ele dá uma mesada fraca e paga a escola. Tem o direito de ver as crianças e sair com elas quinzenalmente. Mas tem semana que ele não vem.

— Sabe, Tina, seria bom você consultar um terapeuta familiar para fazermos um melhor encaminhamento de seu filho. Ele é de fato um garoto muito vivo. Com seis anos, lê, escreve, resolve problemas com a maior facilidade. Mas tem andado agressivo, bate nos menores, nem sempre obedece, às vezes é carinhoso em excesso com os adultos. E outro dia pegou lanche dos colegas, sem pedir. Não sei se ele agüenta a agitação da vida familiar sozinho. Provavelmente precisará de limites claros em casa e isso parece que nem você nem seu marido estão conseguindo estabelecer, pelo simples fato de serem ausentes na rotina dele. Ele precisa aprender a lidar com essa situação e loguinho!

— Você acha, é? Que bom que alguém está-me dizendo isso. Todo o mundo só elogia o Gustavo, dizem que ele é isso, aquilo, um Superman em miniatura! Vou procurar um terapeuta e depois te conto, tá?

Despedimo-nos e pensei comigo mesma: essa ou nunca mais volta aqui ou, então, vai de fato procurar ajuda.

Procurou. Mas era alguém da clínica da Tânia. Lá ela não precisava pagar nada. O garoto tinha sessões com a Gabriela, quinzenalmente, num horário de encaixe etc. e tal. Era um apoio, mesmo que não aprovasse o esquema, era melhor que nada!

O garoto passou o primário todo oscilando entre o bom aluno, o pestinha, o aluno com notas baixas. E foi levando assim a vida, até a 5ª série, quando se manifesta também a dita puberdade. Foi aí que, infelizmente, constatou-se que nem a família, nem a escola, nem a terapeuta haviam ajudado Gustavo a desenvolver expectativas positivas em relação à vida. Suas notas eram ruins, perdera quase que toda a sua popularidade, seu aspecto não era mais o do atraente *fofinho bochechudo*. Estava gordo, insatisfeito consigo mesmo. Por isso extrapolara todos os limites, a ponto de o conselho de professores solicitar a sua saída da escola.

Como já tivera "N" chances naquela escola, a mãe, Tina, se viu obrigada a procurar outra. Seu filho era o resultado visível do fracasso de todos: família, escola, sociedade em geral, valores...

Mas, nessa história de saída da escola, para que a documentação do aluno pudesse ser retirada, era preciso acertar o débito de vários meses de atraso de mensalidade. Para isso, o pai foi convocado para uma entrevista com a direção.

E o encontro foi um momento *sui generis*. Fran, o pai, era um homem enorme que parecia mais um leão-de-chácara de porta de boate. Era muito machão, tanto no vocabulário como nos gestos. Naquele dia, depois de ouvir o diretor financeiro ressaltar a necessidade de resolver a questão dos atrasos das mensalidades para que os papéis de transferência pudessem seguir seu curso natural, levantou-se e disse:

— É um saco mesmo, né, meu! Só na hora de pagar a conta é que a Tina lembra que eu existo. Vê se tem cabimento: estou longe dos meus filhos, morando numa quitinete, comendo aqui e ali, ou seja, fiquei sem chão, perdi todos os meus referenciais. Minha ex-mulher ficou com as crianças, com a casa, com o cachorro e com a empregada. E, mais, botou dentro de casa um outro cara. Agora, vê se pode, bicho, eu entro com a grana e o outro entra com o pau! Tá certo isso?

✳

ROBIN + SON

✳

ROBSON: ROBIN + SON — filho de Roberto — cheio de glória.

Nunca consegui entender bem o que aconteceu com Robson. Filho de pais separados, aprendera a conviver com a situação. A nova esposa do pai tinha por ele um respeito singular e conseguira cativá-lo. A mãe vivera um tempo internada, mas agora estava bem e Robson já passava com ela alguns fins de semana. "Era tão linda a mamãe! E agora não precisava mais ficar na clínica de repouso".

Na escola tudo corria bem. Ele fazia parte do grupo de período integral. Estudava de manhã, almoçava, praticava esportes e outras atividades lúdicas, e só no fim da tarde o motorista vinha pegá-lo. Era alegre, divertido, falava bastante, comia bem. Aquele aluno que toda professora pede a Deus.

Numa segunda-feira Robson não veio. Na terça, idem. Na quarta, Maíra, a segunda esposa do pai de Robson, apareceu. Contou que, no sábado, ela e o marido haviam sido chamados às pressas a um hospital. A mãe de Robson fora internada de novo. Outra crise. Talvez tão forte quanto a primeira que tivera. E o pior de tudo é que Robson estava passando o fim de semana com ela e assistira a tudo. Na aflição de socorrer a mulher, ninguém notara o menininho de cinco anos, olhos estatelados, acompanhando tudo, sem falar, sem chorar...

Somente no dia seguinte à internação da mãe de Robson foi que Maíra e Roberto, o pai do garoto, perceberam o estado em que ele se encontrava e levaram-no imediatamente ao pediatra. Graças a Deus, tudo parecia normal. Ele estava falando menos, não queria comer, mas isso era esperado em virtude do susto. O garoto precisava de um tempo.

Como as ondas do mar, as semanas iam, as semanas voltavam, e Robson falava cada vez menos. Comer, então, se tornara impossível. Sobrevivia por causa do soro, da água.

Na escola, fui orientada a tratá-lo normalmente e, toda vez que fosse almoçar, deveria proceder como se ele também fosse. Eu sempre comentava sobre o cheirinho da comida, o sabor, mostrava o que eu sabia que ele apreciava... Muitas vezes ele nem sequer olhava para o prato. Com muito custo, ingeria um pouco de água. Eu não sabia mais o que fazer. Embora já conformada, eu continuava a fazer meus comentários, passar a mão em seus cabelos, segurá-lo no meu colo com carinho. Todos da escola acompanhavam consternados esses acontecimentos.

O tempo passava. Dois meses. Três. Sete. Sim, foi no sétimo mês. As coisas na minha casa não iam bem. Briguei com o namorado. Minha amiga Beth me azucrinava dizendo que eu é que não tinha jeito mesmo. A chateação tomou conta de mim. Não sabia bem que rumo tomar. Eu ruminava meus medos, meus sonhos e estava achando tudo uma droga. Droga de vida! E meu Deus! Que vontade de chorar! Era hora do almoço. Lá fui eu com Robson, de mãos dadas para a mesa. Fiz meu prato e o dele. Coloquei-o no meu colo. Falei-lhe da comida, uma fala automática. Tentei comer.

Parecia-me ter engolido o mundo e nada mais caberia. Comecei então a mexer na comida com o garfo, como quem vai ciscar num cantinho, desiste, vai para o outro... Sem dúvida, a comida não desceria. A garganta estava presa, o coração apertado, os olhos querendo chover... Foi, então, que Robson colocou sua mão no meu rosto e disse: "A comidinha está cheirosa, gostosa ... coma um pouquinho! Vai fazer bem pra você!". E ele começou a comer naturalmente.

Todos os presentes ficaram absolutamente imóveis. Eu não me mexia, parecia uma estátua. Tinha medo de quebrar o encanto, perder o momento.

Quem visse a cena a distância só identificaria que as pessoas em torno daquela mesa eram de carne e osso e não peças de cera, porque as lágrimas teimavam em escorrer pelas maçãs de cada rosto, acompanhando numa dança delirante o ritmo daqueles corações que, a essa altura, transformaram-se num grande surdo, jamais visto, tamanha era a força com que batiam.

Dizem que trazemos em nós a centelha divina do Criador, já que fomos feitos à Sua imagem e semelhança. Nesse momento, certamente, senti algo como a emoção da descoberta da vida!

Robson voltava à vida!

✳

PEDRO, O ÍNDIO

✳

Dia desses liguei a TV e o repórter entrevistava um rapaz na rua, sobre uma pesquisa que a emissora fazia. A fisionomia do rapaz transportou-me em segundos para dezoito anos atrás. Lembrava a de um aluno que tivemos na escola — Pedro —, o *Índio*, como era conhecido.

Lembrei-me de uma manhã em que eu tomava café na sala dos professores e, de repente, um professor entrou como um vulcão, atirando os livros que carregava sobre a mesa, desabafando:

— Ufa! É exaustiva a relação com o Pedro. Ele parece uma esponja sugando toda a energia das pessoas que o cercam.

— Que houve, Marcos? — perguntei.

— O que houve? Tenho a impressão de que ao dizer que dei aula na 5ª série A ou, pelo menos, que tentei, já respondi a essa pergunta. Aquilo não é uma aula, é uma guerra.

Eu era orientadora daquela série, e aquele era um assunto que tentávamos resolver em nossas reuniões já há algum tempo. Preocupada com a questão, procurei saber mais:

— Professor Marcos, a dificuldade hoje foi de lidar com o grupo ou com o Pedro especificamente?

— O Pedro tem tal força que, a partir de determinado momento, parece ocorrer uma simbiose satânica e vira tudo uma coisa só: o Pedro.

— Nossa, professor! Isso me parece forte demais! Se pensarmos que estamos falando de crianças de onze anos, então, fica assustador, não acha?

Professor Marcos lançou-me um olhar vago, cansado e disse:

— Quer saber? Agora, nesse momento eu não acho nada. Estou sem energia, preciso reencontrar meu eixo para continuar o dia. Estou fora de prumo.

Dizendo isso, ele saiu da sala dos professores e foi sentar-se num banco do pátio, olhando para o Sol e respirando profundamente.

Assisti àquela cena, repassei o diálogo que tivéramos e perguntei a mim mesma, tentando descobrir o caminho a seguir: que mensagem Pedro está-nos enviando por suas atitudes de rebeldia? O que ele quer que façamos para ajudá-lo?

Alguns professores dizem que ele não se ajusta a esta escola, que precisa de rédeas curtas e limites severamente marcados, mas eu não estou convencida disso. Ali fiquei divagando, e desenhei em meus pensamentos a imagem do Índio.

Pedro... que garoto lindo! De estatura acima da média, cabelos negros que me lembravam o pássaro azulão, lábios carnudos, corpo atlético e dono de uma agilidade invejável, olhos negros, vivos e ladinos que espreitavam constantemente a oportunidade de mais uma arte. Era imensa sua necessidade de estar em evidência e conseguia isso a qualquer custo. Com uma criatividade bastante peculiar, ele chegava a transformar o mero em raro, o diferente em comum. Apesar de tão pouca idade, vivia intensamente cada momento e conseguia arrumar muita encrenca com isso, pois a palavra *limite* não pertencia a seu vocabulário. Era persistente. Céus! Como era persistente. Era tal sua determinação que por vezes chegava a causar inveja. Fazia o tempo todo exatamente o que acreditava ser bom para atingir seus objetivos.

É, mas eu abandono rapidamente essa inveja no momento em que consigo me aproximar um pouco do que se esconde atrás do olhar desse jovem. Cada ato de rebeldia é um grito de socorro que sai de sua garganta, é a forma que tem de dizer que não está feliz, que tem medo, que sente solidão e não se sente amado. Ele quer atenção e ganha mesada, ele pede limites e ganha viagens, ele quer amor e recebe um iate.

O professor Marcos tem razão — ele parece sugar a energia dos que o cercam. Aqui na escola é onde encontra essa energia de que precisa, por isso suga — energia da atenção, da amizade, do limite e da liberdade.

O índio da nação indígena demonstra sua tristeza por meio do som de seu atabaque e do movimento de sua dança. O *Índio Pedro* chora por intermédio do riso, da travessura, da provocação e da encrenca.

Lembro-me de quando apareceu com a *erva* na escola. Na presença de seu pai, perguntei-lhe o que era aquilo. Ele olhou tranqüilamente para mim, lançou um olhar desafiador ao pai e disse:

— É maconha. É um material estranho às atividades da escola e pelo regulamento eu não posso portar nenhum material estranho à aula. Pelas leis não devo portar maconha, tampouco meu pai e, por esse motivo, eu posso até ser expulso. Mas não quero que isso aconteça. Não sou maconheiro, nunca experimentei isso. Só tirei da gaveta da escrivaninha do meu pai para tirar um *sarro* e trouxe para a escola porque sabia que aconteceria exatamente o que está acontecendo agora e queria escandalizar e envergonhar meu pai.

O pai levantou-se lívido e disse:

— Pedro, aonde você quer chegar com isso? O que quer mostrar?

E nesse momento ouvi uma das coisas mais fortes nesse meu caminho e, apesar da dor, entendi o que estava escondido atrás daquele olhar. Pedro levantou-se da poltrona, dando a impressão de ter crescido tanto que ocupou todo o espaço da sala e, novamente olhando para o pai, desabafou:

— Esta é a minha marca. Sou gente. Existo, percebem? Existo assim até quando não sei. Talvez até quando vocês quiserem.

E assim o Índio foi eternizando seus momentos de medo, de solidão, de angústia. E um dia, pai e mãe não agüentaram mais e ele foi para o internato.

ERA UM CARRO COR-DE-ROSA OU... DE COMO DIMINUIR A POPULAÇÃO COM RAPIDEZ

✳

Eva saiu da escola, atrasada como sempre, vestindo o casaco ao mesmo tempo que procurava a chave do carro no bolso, pedia ao porteiro que não esquecesse de colocar a correspondência sobre sua mesa e ao jardineiro que podasse os hibiscos... quando estancou, com os olhos esbugalhados, percebendo o outro lado da rua.

— Nossa! O que é aquilo? perguntou ela ao porteiro.

— Oi, dona Eva, foi o pai da menina Priscila, aquela com sobrenome de flor, que deixou aí — explicou Ladislau.

— Mas um carro todo cor-de-rosa com laço branco? É da Priscila Violeta? Mas ela está fazendo só quinze anos! Quem vai dirigir o carro? O motorista está aí?

Tantas perguntas ao mesmo tempo... De fato, Eva estava embasbacada.

— Não, senhora. O pai da menina disse que ela vai dirigir o carro! Achei estranho, mas ele deixou a chave e o documento comigo e deu ordem para entregar à filha.

— Essa não! Mais um menor dirigindo carro nessa escola! Não sei mais o que fazer. Já trouxemos até delegado, aquele senhor Durval, amigo das diretoras, para conversar com os alunos... E, pelo jeito, não adiantou nada!

Terminado o desabafo, Eva, balançando a cabeça, despediu-se do funcionário e saiu da escola.

Atravessou a rua para pegar seu carro e pôde ver de perto o presente de Priscila. Máquina moderna, na linha dos importados... e... cor-de-rosa! O pai da menina deveria ter feito algum acordo com a autorizada, pois carro cor-de-rosa daquela marca nunca vira.

Preocupada, Eva dirigiu-se para a faculdade. Estava fazendo um curso de especialização, pois pretendia trabalhar também como assessora de orientadores de outras escolas. No percurso, pensava no texto de Yves de La Taille que queria discutir. Mas as idéias do texto se mesclavam a tantas outras mais o laço branco do carro cor-de-rosa. Eva não sabia mais onde colocar Piaget, Vigotsky, Chomsky, o modelo espanhol do Cesar Coll. Meu Deus, que construção poderia fazer? Perturbava-a, profundamente, trabalhar numa escola em que não havia limite de idade para as séries. Priscila, por exemplo, era aluna de 6ª série e estava com quinze anos. Por outro lado, naquela escola, o comum era os alunos dirigirem seus próprios carros. Segundo informações, em 7ª série já havia alguns com carro, embora o mais velho tivesse dezessete e o mais jovem treze anos. Mas, agora, também a 6ª série... Era demais!

A roda do tempo se fez sentir levando as preocupações de Eva. Levou-a também para um novo tipo de trabalho, o que a especialização facilitara: *assessoria a orientadores de escolas*. Já havia seis meses praticava a nova função e tudo caminhava bem. Sentia-se mais leve com o novo trabalho; a distância da rotina de uma escola permitia-lhe sonhar grande, havia mais tempo para fazer planos.

Num sábado de agosto, o passado voltou-lhe como um raio, maculando a paz. O jornal dizia que Priscila Violeta Valverde, na tarde de quinta-feira, às 17 horas mais ou menos, havia atropelado o pedreiro Joelmir da Silva e seu filho de sete anos na rua Hungria s/n. O carro se desgovernara, batera no poste e, subindo na calçada, atingira as vítimas que, imediatamente, haviam sido levadas para o hospital mais próximo. A motorista, Priscila Violeta, sofrera pequenos arranhões.

Eva lembrou-se do carro cor-de-rosa e do problema da escola onde trabalhara. Muitos menores dirigiam carros devidamente autorizados pelos pais. Como estaria a família de Priscila agora, diante do acidente? Provavelmente vivendo momentos de reflexão, de retomadas. E o tal pedreiro com o filho? Estariam bem, com certeza, pois o jornal não colocara nada além de terem sido atendidos pelo hospital mais próximo.

Dois meses depois, Eva encontrou-se, no supermercado, com Dinorá, a secretária da escola. Conversa vai, conversa vem, Eva perguntou da Priscila Violeta e do acidente sobre o qual lera no jornal dois meses atrás.

— Não se preocupe. Deu tudo certo, como manda o figurino!

— Como assim?

— A Pri Violeta está ótima. Como o carro foi muito danificado no acidente, ganhou uma BMW de cair o queixo de qualquer um. Mas ela corre o risco de ser reprovada na 7ª série. Mais uma reprovação na vida dela não fará diferença.

— E as pessoas que ela atropelou? Suponho que estejam bem.

— Que nada! O garotinho morreu uma semana após o acidente. E o pai colocou um monte de pinos nas pernas...

— A Priscila foi processada? Ou nada aconteceu?

— Nadinha de pitiritombas, querida. Dinheiro compra tudo. Comprou o silêncio do senhor Silva, um pedreiro a mais que não tinha casa. Só que, agora, tem casa bem mobiliada, tem um carrinho usado e grana no banco. Além disso, o senhor Valverde pagou todas as despesas do enterro do garotinho. Em troca disso tudo, nada foi declarado que comprometesse a Priscila.

— Céus! Quanta irresponsabilidade! Que disparate tudo isso. O que poderá ainda acontecer aos nossos jovens, às nossas crianças, vivendo tais despropósitos?

— Isso não é nada! Você se lembra do Petrus do 1º colegial? Pois é, esse morreu num acidente em março deste ano. Estava correndo muito na Marginal. Havia acabado de sair de uma festinha regada a bebidas nobres e bolinhas.

Eva quis sair logo do mercado, respirar lá fora. Deveria ter ficado em casa.

LOLA

✳

Sonhadora. Navegava fácil para *mares nunca dantes navegados*. Era mãe de três. Uma garota já entrando na adolescência, um menino de seis anos, o Cássio. E o filho do atual marido, com dois anos. Márcio era o marido dos sonhos (dela, é claro!). Belo, parecia um jovem espartano atirador de discos. Com ele Lola sentia-se a Jane do Tarzan, a mulher do Mandrake, a querida do Fantasma, a Lois Lane do Clark Kent — poderia arrolar uma infinidade de super-heróis, mas mesmo assim não creio que conseguiria entender Lola. Excelente massagista, dançava também. E, muitas vezes, na corda bamba.

Um dia, no café da manhã, Cassinho molhava o pão com manteiga na caneca de leite com café. Isso ele fazia muitas vezes. Parece que, nesse dia, o belo espartano notou o fato e bronqueou. Cássio arregalou os olhos, sem entender. Porém, o soco na mesa que ouviu em seguida fez não só que compreendesse como também parasse de comer. Tentou explicar que sempre fazia isso, que era gostoso etc. e tal. Lola timidamente interferiu:

— Sabe, benzinho, Cássio sempre come assim.

— Na minha casa, não! Se ele quiser continuar comendo assim, ali está a porta da rua. Cássio, você vai continuar comendo assim?

— Vou.

— Então, cara, pegue a sua mochila e *Rua! Rua!* Saia já daqui e vá embora.

Cássio entendeu a ordem. Foi até seu quarto, pegou a mochila da escola, passou pela copa — lá continuavam sua mãe e o padrasto. Olhou a cena, procurou os olhos da mãe e não encontrou (puxa, queria ao menos dizer *adeus!*) e saiu de casa.

Os passos estavam lentos, indecisos. Aonde ir? E aquela dor no estômago. Talvez molhar o pão no leite desse dor de estômago. Bobagem! Nunca havia tido dor assim. Era tão bom molhar o pão... Por que será que ele não gosta de mim? Também! Ele não é meu pai! Meu pai mora no Rio. Queria o meu pai! Mas ele diz que minha mãe não deixa eu e a Lu irmos morar com ele. Ele tem outros filhos, outra mulher e a casa dele já está cheia de gente! E por que será que minha mãe nem liga que eu seja expulso de casa? Eu devia ter pego o meu carrinho e as figurinhas. Hoje não tenho com que brincar no recreio da escola... Acho que minha mãe gosta mais do Fernandinho. Agora que eu saí de casa ela vai dar o meu quarto pra ele.

— Ei, Cássio, você não acha que chegou cedo demais à escola?

É verdade! Estava na escola. Nem percebera como chegara até ali, mas era o senhor Emiliano, o porteiro, falando com ele.

— Eu não tenho pra onde ir. Posso entrar?

— Você veio sozinho? E num horário que não é seu. Ih! Aqui tem coisa! Entre e espere ali no banco da recepção.

Senhor Emiliano ligou para Ivany, a coordenadora, e contou o estranho fato. Ivany pediu que a criança fosse conversar com ela. Enquanto isso, solicitou à secretária que ligasse para a casa do garoto.

Ela tentou por todos os meios saber o porquê de Cássio estar na escola naquele horário, mas nada conseguiu, além de perceber que, apesar da aparente indiferença, os olhos dele estavam cheios d'água. Um choro embutido. Pronto para explodir. Chamou a secretária e quis saber como fora a ligação. A secretária pediu à coordenadora que saísse da sala para conversarem.

— A empregada atendeu. Disse que seu Márcio e dona Lola já tinham ido ao trabalho. A Lu tinha ido dormir na casa de uma amiga e ela precisava cuidar da casa e do Fernandinho. Dona Lola não dissera nada do Cássio. Ela nada sabia.

— Então ligue para o trabalho da mãe ou mesmo para o padrasto dele, o tal Márcio.

— Certo!

A coordenadora voltou para sua sala, deu uma folha de papel sulfite e canetinhas para Cássio desenhar e falou que ele ficaria por ali até resolverem a situação ou, então, ele deveria contar, de fato, o que acontecera. O menino preferiu desenhar.

O tempo passou e nada de a secretária conseguir ligar para Lola ou para Márcio. O telefone dela não atendia e, no dele, diziam que estava visitando as obras.

Toda a história do Cássio só veio à tona quando Claudia, a orientadora dele, chegou à escola e levou-o para almoçar. Mais tarde, a criança foi para a aula normalmente, e qual não foi a surpresa de Claudia ao ver Lola, na hora do recreio, conversando com Cássio no parque. Claudia aproximou-se e viu que Cássio chorava. Olhou bem para Lola e disse:

— Depois que você explicar o *ato educativo* que você e Márcio tiveram com o Cássio, dê uma passadinha na minha sala, certo Lola?

— Claro, claro! Eu ia mesmo passar lá.

Mal Claudia entrou em sua sala, já Lola se instalava na cadeira à sua frente e falava sem parar.

Alguém disse um dia que, quando se está prestes a perder o autocontrole, deve-se contar até dez — foi exatamente o que Claudia fez enquanto aquela senhora falava compulsivamente sobre o *ato educacional* que seu companheiro havia *aplicado* no menino.

Esses momentos acontecem na vida de todos. Diz-se que é necessário usar — o bom senso, apaziguar os ânimos, tentar ser imparcial etc. Só que a teoria na prática é outra, afinal, um educador é também um ser humano e, portanto, não tem sangue de barata. Claudia respirou fundo e disse:

— Eu posso entender que você ame esse homem e não queria perdê-lo. Entendo o seu medo da solidão e o quanto você está confusa. Mas tente, ao menos tente, se colocar no lugar de seu filho e veja se, com seis anos de idade, você consegue lidar bem com tudo isso.

— Mas eu vou ajudá-lo a entender que, como eu amo o Márcio, não posso deixá-lo. O Cassinho tem de entender isso, você não acha?

— Não, eu não acho. Você está invertendo a situação. Em sua luta para justificar o ato irresponsável e covarde de Márcio em relação a uma criança de seis anos, você transformou-o de réu em vítima, num estalar de dedos. Acho, sim, que você está buscando resolver a sua dificuldade e não buscando uma forma de socorrer o seu filho. Você está sendo tremendamente egoísta, isso sim!

— Claudia?!! Como você tem coragem de dizer isso para uma mulher aflita, que está entre o amor de um homem e o amor de um filho?! Eu vim procurar você em busca de uma orientação, de uma luz, e você me fala assim?!

— Você só veio me procurar, Lola, porque o seu filho acabou de lhe dizer que me contou tudo o que aconteceu com ele hoje.

— Não é verdade! Eu sei que estou confusa. Mas eu prometo! Vou conversar com o meu filho e essas coisas não vão acontecer mais!

— O que não vai acontecer mais Lola?

— Oras! O Cassinho vai comer direitinho, vai pedir desculpas ao Márcio e não será mais expulso de casa!

✳

ACREDITE... SE QUISER

✳

Sempre que vejo um céu lilás e rosa, lembro-me de uma grande discussão que tive com meu irmão há mais ou menos quarenta anos. Ele pintou uma tela na aula de Trabalhos Manuais e, lógico — afinal mãe é mãe —, a parede da sala da nossa casa recebeu a obra do mais jovem artista do planeta. Eu olhava para a paisagem do quadro e não acreditava no céu que via. E um dia pensei alto:

— Esse céu não é de verdade. Não existe céu lilás e rosa... Meu irmão pirou!

— Ah! Sua boba. Claro que existe céu assim! Você é que nunca olha pro céu. Devia olhar, sabe. É muito bom. Você tira os pés do chão, voa até um colchão de nuvens e faz uma linda viagem por seus pensamentos. Vê se olha primeiro pro céu, depois vem dar palpite, tá?

Eu saí resmungando e mais atrapalhada ainda. Como chegar no colchão de nuvens num vôo se eu não sabia nem voar?! Será que o Luizinho sabia ou estava só me enganando!?

E novamente lá está ele — o céu lilás e rosa. Só que agora ao vivo e em cores!

Eu vinha todos os anos, acompanhando minha classe, a este acampamento, mas nunca encontrei um céu como este. Sobre minha cabeça havia um rosa bem forte. Fui baixando os olhos e, conforme a vista se aproximava do horizonte, a cor ia esmaecendo, ganhando tons lilás-claro. Mais abaixo, uma extensa planície, que nesse momento parecia estar tingida com o colorido do céu.

— Isto tudo nos leva ao mundo dos sonhos, mesmo que acordados — pensei alto.

Nesse momento, fui despertada desse êxtase pelo alvoroço das crianças que se aproximavam correndo.

— Vamos lá, turminha! Todos, com calma, para o alojamento. Sem correria.

Eles se acotovelaram nas portas dos quartos como que desafiando as leis da física, tentando provar que *dois corpos cabem sim no mesmo espaço*. Bati vigorosamente palmas, chamando a atenção do grupo para mim e tentando, de alguma forma, organizar a bagunça.

— Coloquem as malas no chão, ao lado das camas e retirem delas *apenas* os lençóis e as fronhas. Arrumem as camas — disse isso calma e claramente e, então, todos iniciaram a atividade.

— Mas em que parte do armário eu vou guardar a minha roupa?

— Ai, meu Jesusinho!! — disse Daniel, coçando a cabeça — Acorda, *meu*, vem pra Terra! Presta atenção ao que estamos fazendo Leetow. Você não ouviu o que a Iara disse?

— Mas a Iara falou alguma coisa? — perguntou Leetow espantado.

— Argh! Não dá! Pô, eu desisto. O Lee certamente não é desse planeta e, além disso, fez um estágio na Lua de pelo menos dois milênios. Eu sou desligado, mas ele ganha de longe.

— Tudo bem, Daniel, eu assumo agora. Obrigada pela força! — afaguei a cabeça de Dani, me aproximei de Lee e, quase num sussurro, perguntei:

— Você viu o céu lá fora, não viu?!

— Pois é, eu vi. E ainda estou lá fora. Não consigo chegar aqui dentro. Tenho medo que aquele céu acabe até eu terminar de arrumar as minhas coisas.

— Entendi. Vou dar uma força, mas fica só entre nós, tá? — e aumentando o volume da voz: — Pessoal! O Lee precisa ir lá fora, então ele arruma a cama dele depois.

POR TRÁS DOS MUROS DA ESCOLA   43

Lee lançou-me um feliz olhar de agradecimento e correu *pro seu céu* novamente. Fiquei ali, imóvel, desejando ardentemente que Lee conservasse essa linda loucura por muito tempo. Voltei minha atenção para a arrumação das camas, pensando: Acho que Daniel tem razão. Lee não é desse planeta.

Naquela noite, fui despertada pela voz de Lee: ele estava falando... só que parecia dormir. Levantei-me da cama e me aproximei, tentando ouvir o que dizia:

— Ahn! Hum!... vou levá-la... não, não agora... é, vou sim... no cor-de-rosa... no cor-de-rosa...

Voltei para a minha cama e custei a dormir, pensando: que será que significa isso? Com que ele está sonhando? *Quem* ele vai levar e para onde? Ai, meu Jesusinho — como diz o Dani —, essas conversas do Lee sobre ufos, alienígenas, viagens interplanetárias estão-me tirando do chão. Vou voltar a dormir que eu ganho mais. Não dá para colocar discos voadores em minha lista de atividades. Neste momento, fechei os olhos, respirei profundamente, virei-me de lado, coloquei as mãos sob o travesseiro, pronto. Estava preparada para dormir.

Quando aquela mãozinha pegou em minha mão, sabia que era a de Leetow. Ele me puxou até que eu não mais resistisse e seguisse com ele. Por que eu não resistia? Não podia deixar o grupo dormindo sozinho e sair de camisola e pés no chão pelo pátio do acampamento. Mas algo estava estranho, eu parecia entorpecida, não sentia meus pés no chão. Era como se eu levitasse.

Ah! Isto deve ser um sonho, é isso. Estou sonhando! Bom, vamos aproveitar o sonho, então!!

— Você não está sonhando, Iara. Eu preciso levá-la. Eles pediram muito que eu a levasse.

Meu Deus, que loucura!

O meu sonho pegou carona no sonho do Lee. Estou ouvindo-o com tal clareza que posso jurar que estou acordada. Vi certa vez um filme que tinha algo parecido com isso — *Dreams Scape*, acho que é esse o nome —, uma história mais ou menos assim, onde alguém pegava carona no sonho de alguém(?!). Que interessante, sinto agora o ar fresco da noite em minha pele, o sereno umedecendo o meu cabelo e um delicioso cheiro de terra molhada. Arre! Que sonho mais realista. Só falta aparecer alguma coisa cor-de-rosa... Céus?! O que é aquilo?! Ele era, de fato, cor-de-rosa. A grande porta e aquelas pseudojanelas tinham um tom bem claro, quase branco. A plataforma para a entrada fora baixada e o pequeno Leetow segurava com força minha mão. E, neste momento, a ansiedade de Lee tornou-se minha. Entraríamos ou não? O garoto repetia:

— Só posso entrar se você for comigo. Por favor, vamos!

Entrar. Não entrar. Esta não era a questão. A questão era que eu entrara na dele. Até o disco cor-de-rosa estava vendo agora. Ali na minha frente... Ora, realmente estou perdendo o juízo. Afinal eu estou sonhando! Ou não estou?

Apertei mais a mão de Leetow e caminhei pela rampa de acesso com uma tranqüilidade que chegou a me assustar. Entramos num enorme salão, cheio de luzes multicoloridas, nas cores pastel que, apesar de serem muitas, não feriam os olhos, não interferiam no clima místico que pairava no ar. Senti-me pequena diante daquela imensidão e tive a sensação de que Lee aumentava muitas vezes de tamanho. Voltei-me para ele e precisei erguer a cabeça para encontrar o seu olhar. Ele estava muito grande, de seu corpo emanava uma brilhante luz lilás-clara. Lee soltou minha mão, segurou-me pelos ombros e disse:

— Iara, esta é a minha casa. Vou apresentar-lhe minha família. Eles não estão assim como nós, com corpos de terráqueos, mas não se assuste, eles são seus amigos.

Pegou novamente minha mão, olhou para a frente e falou, numa língua muito estranha, uma mistura de tupi-guarani com russo, talvez. Caminhamos mais alguns passos e paramos.

De repente, luzes maravilhosas e suaves em formato de vultos humanos com asas acercaram-se de nós, numa dança tão bela quanto a do *Lago dos cisnes*, enquanto uma música suave foi tomando conta de todo o ambiente, até entrar pelos meus poros e chegar nas entranhas. Comecei a sentir uma vertigem e caí.

— Iara, Iara, você precisa acordar. Todo o mundo já levantou. O tio Sérgio já chamou para o café. Olha, nós já escovamos nossos dentes e até arrumamos nossas camas. Estamos com fome, levanta!

Fui abrindo lentamente meus olhos. Logo que me acostumei à claridade, corri os olhos pelo quarto. Verdade, todos já se haviam levantado e o quarto estava arrumado. Todos, menos um — Leetow. Como num *flash* repassei minha noite. Então havia sido realmente um sonho! Afastei rapidamente o lençol, levantei-me num pulo e então ouvi Kika perguntar:

— Iara, por que você tem grama grudada em seus pés? Você foi lá fora descalça à noite?

Desmaiei!

✳

Tratamento de choque?
Ou tratamento de lóqui?

✳

— Que merda! Com esse tempo não dá, caralho! E o cheiro? Pior que mijo de cavalo! Ninguém quer nada com nada, porra! Vou dar um chute no rabo de vocês.

Desfiou a seguir um rosário de palavrões bem mais pesados. E eles, os alunos da 8ª série, arregalaram os olhos, abriram a boca, não acreditando no que ouviam.

Não que fossem moralistas ou pudicos. Aliás, estavam muito distantes de tal avaliação. Tinham muita intimidade até com aquele palavreado — era 80%, pelo menos, do repertório do vocabulário rotineiro deles. Isso não ocorria apenas durante um jogo ou outra contenda. Tampouco era um privilégio dos meninos. Não, senhores! Usavam-no para criticar, elogiar, impor, defender, atacar, analisar, meditar. Usavam e pronto!

Isso ficou tão forte que começou a incomodar, mesmo numa escola mais alternativa como aquela que até conseguia conviver com algumas manifestações mais explosivas. Incomodava até o professor mais liberal, mais amigo, e também o que acreditava que não colocar nenhuma distância hierárquica entre a criança e o adulto, pai e filho ou aluno e professor, é o grande caminho da educação moderna; e qualquer idéia contrária é careta, agressiva e prepotente.

As reclamações começaram. Pais dos menores procuravam a direção, exigindo uma providência, dado o abuso a que assistiam.

— Gente, isso já está doendo no ouvido. Eles não estão respeitando nada, tampouco alguém — diziam professores, pais e mesmo outros alunos.

A equipe se reuniu para dar um tratamento mais cuidadoso ao assunto. Sucederam-se várias conversas, e até exigências e advertências oficiais e... nada. Não havia o que mudasse o quadro.

Até que aquela sexta-feira chegou. Era outubro, todos estavam cansados e Dora ainda mais pois, não bastasse toda a rotina de fim de bimestre, professores haviam faltado naquela semana, os pais de Fredy foram pedir garantias de que ele conseguiria ser aprovado (como se fosse possível garantir isso), a direção via-se às voltas com inadimplências e, ainda por cima, convivia-se com o vocabulário *altamente envernizado* daquela malfadada 8ª série.

Deus! Como sofre uma orientadora!, pensava Dora enquanto ia-se aproximando da sala da 8ª, para dar uma sessão de orientação educacional.

Já podemos imaginar como estavam os alunos. Era véspera de eleições e eles discutiam em altos brados sobre cada candidato e, lógico, o palavreado era tão pesado que até Derci Gonçalves coraria.

— Sentem-se em círculo — disse Dora, quando afinal eles perceberam que ela estava na porta.

Eles se organizaram rapidamente (não sem um enorme barulho), e foi aí que Dora desfiou o rosário... *aquele* do começo desta história.

Quando passou o primeiro impacto, Paulo — um dos mais prolixos nos palavrões — levantou e disse:

— Dora, você está bem?

— Estou ótima. Eu tenho uma puta vida, bicho. Meu trabalho é do cacete. Esta semana tudo rendeu pra caralho. Por que eu não estaria feliz?

Nisso, três alunas muito quietinhas (mas bastante simuladas também), com as faces bem coradas, levantaram e fizeram menção de sair.

— Senta aí! — gritou Dora.

Caiu um profundo silêncio no ambiente. Todos abaixaram a cabeça e aguardaram. O silêncio chegava a doer. Dora respirou profundamente e num tom muito baixo perguntou:

— Que caras são essas?

— Nada, não. Sabe, tá estranho, pô! — disse Leandro, um líder da classe.

— Estranho? O que está estranho? — disse ela com certo cinismo.

— Pô, você, nossa orientadora, falando essas coisas...

— Ué?! Não é legal falar assim?

— Claro que não! A gente tudo bem, mas você? Não, não pode.

— E por quê? — insistiu Dora.

— É uma questão de respeito — retrucou Miguel. — Afinal, você, além de ser mulher, é orientadora.

— E vocês estão pensando em respeito quando gritam, xingam e abusam dessas palavras pelos corredores da escola? Por acaso passa nessas cabecinhas bem egoístas de vocês que nem os ouvidos dos professores e funcionários, nem os dos colegas de vocês, tampouco os meus são latrinas ou penicos, para vocês despejarem diariamente essa sujeira toda? Acaso vocês ouviram e acataram todas as advertências que receberam? Viram-me como mulher e orientadora e *maneiraram* o vocabulário? Não! Vocês não prestaram atenção em ninguém que não vocês mesmos. Pois então, agora, chegou a minha vez de fazer dos seus ouvidos um grande e colorido penico. Com licença — pegou o diário de classe e saiu.

Soube-se que o grupo da 8ª conversou a portas fechadas por pelo menos uma hora. Não se soube direito o que rolou, mas sem dúvida a reflexão foi profunda entre eles, pois o problema acabou e eles pareciam *gentlemen* pela escola.

Dia desses encontrei-me com Dora à porta de um café na região dos Jardins. De repente, lembramo-nos do *tratamento de choque* que ela havia aplicado naquela 8ª série. Dora, rindo muito, me contou que alguns alunos daquela turma haviam montado um grupo de teatro. Quando soube, tratou logo de ir assistir à peça deles, que estava em cartaz num teatro alternativo do Bexiga. Confessou que, no fundo, esperava ouvir uma linguagem muito forte e até mesmo grotesca, dada a história que tinha tão marcada em relação àqueles jovens. Surpreendeu-se! Acreditem, nem um só palavrão era dito durante todo o espetáculo.

✳

Alba

Um dia escreverei um livro

✳

Costumo flagrar-me *gelando* cenas do cotidiano e imaginando o que cada uma daquelas pessoas sentem, desejam, sonham. Será que todos têm consciência de que estão escrevendo a história naquele momento? Percebem que são o sangue que corre nas veias desse planeta? Muitas vezes acredito que não.

Vivemos dentro da rotina do *viver* e deixamos escapar o resultado das experiências cotidianas. Ultimamente vivemos tão rápida e intensamente que nos esquecemos de *digitar o diretório, nomear o doc* e, quando precisamos rever aquele momento, ficamos horas passeando por nosso *gerenciador de arquivos*, tentando localizar aquela experiência. Com freqüência não a encontramos, e acreditamos que em algum acidente de percurso ela foi *deletada*. Tocamos a vida, passamos pela mesma experiência muitas vezes (e quase sempre cometendo os mesmos erros), até que um dia damos de frente com o *arquivo* que vagava na *zona morta* em busca de seu *diretório*.

Quando vivencio uma experiência muito intensa, penso que seria incrível se várias pessoas tivessem conhecimento dela e pudessem, como eu, tirar tantas lições para a vida.

Vida — tanto quanto gosto de vivê-la, gosto de observá-la. Observar experiências, observar cada pessoa que participa daquele momento — reações, emoções, códigos próprios... observar.

Esse vício (ou seria qualidade?) ajudou muito na minha vida. Não me perdia na primeira impressão. Ela sempre foi importante, porém como ponto de partida para observação mais cuidadosa, não como determinante na análise. Quando passei bem perto de *ir morar do outro lado dessa vida* então, observar muito, refletir sempre e acionar com tenacidade passou a ser minha grande meta.

Como coordenadora de escola, sempre escolhia uma sala que ficasse em um ponto bem estratégico para que eu pudesse observar melhor a vida à minha volta. E como foram ricas as cenas a que assisti! Os professores que inicialmente ficavam um pouco desconfortáveis com essa minha mania, acabaram entendendo e desenvolvendo o hábito de observar. Ganhamos todos com isso, principalmente os alunos, o grande motivo de nossa existência como profissionais.

Teorias são imprescindíveis para a vida, mas apreender com as vivências é o catalisador para concretizá-las. Sem isso, as teorias perdem a força e se distanciam da realidade. O que ocorre dentro de uma escola é como o que vemos em um lar — um retrato da vida, sem retoques. Por isso quis tanto escrever um livro. Queria lembrar que nem sempre o óbvio é percebido, e que essa distração faz com que nossas experiências se percam no *gerenciador de arquivos da Vida.*

Nesse meu caminho, encontrei muitas idéias gêmeas, habitando pessoas encantadoras. Com algumas, pude aprofundar um relacionamento. Foi assim com Iracy, calma, ponderada, de poucas mas enriquecedoras falas. Contrastava com minha habitual agitação e levava-me para um ritmo mais tranqüilo, que me foi de grande valia.

Sua serenidade causava-me o mesmo efeito daquele pé de manacá, o confidente durante minha infância. Quando minha adrenalina era instigada por um acontecimento, lá ia eu correndo para debaixo do pé de manacá que havia no quintal de minha casa, sempre sereno à minha espera. Eu falava (ria ou chorava) compulsivamente e, quando conseguia parar, olhava para o manacá, ouvia os sons de seus galhos, sua imponente tranqüilidade que apenas a sábia natureza possui e ia-me acalmando, vendo tudo mais nitidamente e com isso percebendo saídas, soluções. Assim foi com Iracy. Percebi que querer não materializa nada se não houver a ação. Acionamos e escrevemos este livro — não uma biografia, não uma auto-ajuda, tampouco um livro técnico —, apenas um livro habitado pela Vida, sem retoques. Um livro... aquela coisa que *quando a gente abre os personagens saem e vão para a nossa cabeça*, enriquecendo nossas vidas.

✳

A MARCA DE UMA VIDA

✳

Olga gostava de caminhar calmamente por entre os corredores do supermercado, olhando os produtos nas gôndolas. Era tempo de fartura para ela.

Era tempo de paz: acabara a revolução. O país ainda estava sob os tacões do regime militar, mas as coisas estavam mais sutis. Já se falava até em anistia. Alguns, mais destemidos, ousavam usar as palavras *geral* e *irrestrita*.

Olhou para sua filha — loira, olhos vivos sempre à espreita, buscando desafios. Era uma linda e saudável menina. Olga ficou com os olhos marejados de lágrimas pela emoção de poder olhar para sua filha e, nesse momento, agradeceu silenciosamente à Força Maior.

— Que foi, mamãe? Por que você está chorando?

— Porque estou feliz. Porque você está comigo. Porque o Pedro e o papai estão em casa à nossa espera. Porque eu posso andar sem medo por estes corredores. Porque há seis anos você nasceu e trouxe a esperança novamente à minha vida. São tantos os porquês que nem cabem em seu corpinho tão pequeno. Quando você crescer, eu vou contar a história de quando eu era Luciana. É uma história triste, mas muito bonita.

— Mãe, às vezes você é tão engraçada! — disse a menina que em seguida voltou a mexer na gôndola dos brinquedos.

— É verdade, filha. Tome cuidado para não derrubar nada e não estragar as embalagens.

Olga continuou andando calmamente, mas não conseguiu afastar as imagens que insistiam em passear por seu pensamento. Imagens de quando foi Luciana. Por isso deu esse nome à filha — Luciana fora seu nome de guerra. De guerra literalmente falando. Ela foi ativista na revolução de 64. Fazia Ciências Sociais, mais um motivo para não aceitar a repressão e lutar por um ideal de liberdade.

Olga e Deley, seu marido, lutaram, foram presos e torturados. Olga deu à luz em uma cela do Dops.* Deley só conheceu a filha quando a menina tinha três anos. Ambos ficaram anos sem ver o filho Pedro (o mais velho). Viram companheiros e amigos sumir, morrer. Sofreram humilhações por um ideal de liberdade. Não reclamam. Sempre dizem que fariam tudo novamente e agora com mais força e coragem ainda, pois não podem imaginar seus filhos vivendo numa terra de horror, alienação e submissão.

O tempo agora era de fartura e paz. O salário de professora era irrisório, mas trabalhava o dia todo e seu livro já estava quase pronto. Ao menos fartura na alimentação, ela e Deley podiam oferecer aos filhos. Moravam com conforto, pois quando se casaram, ganharam uma casa dos pais. O fato de ser professora lhe dava condições de ter os filhos na escola particular em que trabalhava — uma conquista do sindicato.

É como dizia meu pai: barriga cheia, cultura para aprimorar o espírito, paz e amor na família, é só o que o homem precisa para ser feliz, pensou Olga enquanto continuava suas compras.

Nesse momento ela foi arrancada de suas lembranças por dois homens que se encostaram nela, um de cada lado, pressionando seus braços.

— O que é isso? Não existe espaço suficiente nesse corredor para os senhores passarem? Precisam me atropelar desse modo?

---

* Dops — Departamento de Ordem Política e Social.

— Queira nos acompanhar até o escritório, senhora — disse um dos homens.

— Como? O que é isso? — olhou para os lados e não viu sua filha. Gritou pela menina e não obteve resposta.

— Senhora, sua filha está em segurança lá em nosso escritório.

— Mas... como assim? Por que levaram Luciana para o escritório. Ela sabia que eu estava neste corredor. Ela se perdeu?

— Todas as suas perguntas serão respondidas lá no escritório, por nosso gerente.

Só então Olga observou os dois homens. Eram altos, fortes, verdadeiros armários e... com cara de *leões-de-chácara*. Um conhecido arrepio lhe correu pela espinha quando percebeu um volume sob o paletó de um deles — uma arma. Sentiu aquele buraco no estômago. Medo. Novamente sentia medo e nem sabia do quê. Todos os seus sentidos entraram em alerta. Respirou fundo e ergueu a cabeça.

— Pode largar o meu braço, pois não preciso de apoio para andar.

Seguiu os homens, enquanto seu pensamento atingia a velocidade da luz. O que estaria acontecendo? Por que todo esse aparato? Será que a estavam confundindo com alguém? Teria algo a ver com seu passado revolucionário?

— Bom dia, senhora. Sente-se — disse o gerente apresentando-se.

— Onde está minha filha?

Um dos homens que a escoltara abriu uma porta lateral e Luciana correu para o colo da mãe, chorando e dizendo que aquele homem era mau, pois havia tirado suas coisas.

— Você está bem, minha filha? Do que você está falando? O que aconteceu?

— Entregue-me sua bolsa que nós vamos revistá-la.

— Com que autoridade e baseados em que alegação os senhores querem me revistar?

— Sua filha foi pega em flagrante, furtando brinquedos e escondendo-os na calcinha. Estamos de olho em vocês desde que chegaram. Seu modo de andar pelos corredores como quem passeia... Esse olhar vago para as gôndolas... Tudo isso já é bem manjado aqui.

Olga teve uma súbita ânsia de vômito. Gelou. Corou. Amarelou. Parecia que um vulcão se abria sob seus pés. Estava sendo acusada de pertencer a uma quadrilha que fazia pequenos furtos em supermercados e usava crianças no delito. Lembrou-se das palavras da Binha, professora da menina: "... tenho observado que a Luciana pega peças de brinquedos, pedaços de lápis de cera, desenhos e lanche dos amigos, giz... e quer levar para casa. Olga, precisamos conversar com a psicóloga dela".

Quando finalmente conseguiu se ver livre do incidente no supermercado, sentia dificuldade em acreditar no que tinha acontecido. Olga e o marido tinham consciência das dificuldades e limitações da filha. Em função disso, mantinham um acompanhamento psicológico para que Luciana pudesse descobrir e trabalhar suas fragilidades e encontrar maior harmonia para sua vida. Estava para o que precisasse, visando sempre à felicidade da filha. Mas aquele episódio tinha aberto feridas muito recentes, que estavam só em início de cicatrização.

Olga e Deley passaram outros momentos difíceis com Luciana. Pegou dinheiro dos colegas, roubou provas na escola, rasurou notas em boletins...

Segundo a psicóloga, Luciana aplacava suas inseguranças e carências pegando objetos que não lhe pertenciam. Um período intra-uterino com a mãe presa, o parto em condições precárias em uma sala do Dops, aos três anos o surgimento do pai que até então ela nunca tinha visto, o refazer da vida da família, tudo isso era demais para ela.

A terapia ajudou. A escola ajudou. Mas acima de tudo, o amor da família ajudou Luciana a perceber que as situações difíceis foram só momentos em sua história e que ela não precisava viver com a nuvem de um passado difícil.

Luciana também foi à luta por um ideal de liberdade. Libertou-se das marcas da vida. Hoje mora na Europa. Vencedora como artista plástica, é feliz com seu companheiro e transformou a nuvem de seu passado em aprendizado para o crescimento. Bom saber que temos um final feliz. Bom saber que a marca de uma ditadura foi profunda, mas não irrecuperável. Bom saber que *o amor venceu a marca de uma vida.*

São as mãos que estão sujas?

✳

Tudo preparado para o grande momento: plástico de forro estendido no chão, papéis cortados, cada tinta em seu pote, cada pote em seu lugar. Essa atividade — *pintura a dedo* — sempre gerava grande alegria no grupo. Misturar muitas cores de tinta sobre o papel mediante a ágil dança dos dedos, descobrindo outras infinitas cores e tons; por meio do resultado da mistura, era sempre como começava. Fazer *luva* de tinta nas mãos e nos braços e passar no rosto era como sempre terminava. Vivia-se um momento de êxtase total. Era como se o espírito e a alma das crianças viajassem nos caminhos que a tinta traçava. Uma viagem de sonho, onde todos os desejos se realizavam e tudo era muito colorido.

Enquanto viajava nesses pensamentos, a professora Maria Lúcia terminava os últimos preparativos para chamar o grupo de sua classe, que aguardava no pátio, para iniciar a atividade tão esperada. Neste ano (era o seu segundo de trabalho, em seus apenas dezenove anos) ela estava responsável por crianças de dois e três anos de uma sala de maternal.

As crianças atenderam seu chamado com grande euforia e alvoroço — gritinhos e risadas, abraços e pulos, mas também cutucões e empurrões.

Iniciando imediatamente a atividade, as crianças relaxaram e ficaram muito concentradas no trabalho. Tinha-se a sensação de que iam levitar, de que estavam sentadas (como índios) em um *colchão de nuvens* e pintavam-no de todas as cores, fabricando uma linda chuva colorida para enfeitar a nossa casa Terra. Havia momentos em que o tempo parecia parar e chegava até a acontecer o silêncio.

Essa poesia em forma de trabalho acontecia muito rápido. Logo voltavam à algazarra, aos gritos e pulos, dando àquela cena fortes tons de vermelho. A professora foi arrancada desse estado de meditação no momento em que começou a ouvir o coro de *já acabei, vou lavar as mãos.*

— Esperem! Um de cada vez. Cuidado para não encostarem as mãos sujas nas paredes, portas e na roupa dos amiguinhos. Só tirem o avental de pintura depois das mãos lavadas. Ouviram? Jéssica, pode ir lavar as mãos. Os outros fiquem sentadinhos em seus lugares, aguardando a vez e esperando os outros acabarem o trabalho. Ufa! Em tempo!

— Professora, eu quero fazer xixi, estou muito apertado — disse João, que recebeu um aceno de cabeça como autorização para ir ao banheiro.

Jéssica lavava tranqüilamente as mãos na pia do banheiro, esfregando-as e fazendo com que a espuma do sabonete fosse crescendo e formando grandes nuvens, quando Joãozinho entrou no banheiro franzindo o cenho e trançando as pernas, com as duas mãos no ar, cheias de tinta.

— Que foi, Joãozinho?

— Tô apertado, Jéssica, e com tinta na mão eu não consigo descer a minha calça.

— Quer ajuda? Olha, eu acabei de lavar a mão. Desço sua calça e você senta e faz xixi disse já abaixando a calça do amigo.

— Obrigado, só que não sei fazer xixi sentado. Ai... ai, como vou segurar o pipi com essa mão?

— Eu seguro pra você. Assim?

— É. Ai que bom, eu não agüentava mais!

— Que gozado que menino faz xixi, né?!

Como as crianças demoravam muito a voltar, a professora foi chamá-las. Ao entrar no banheiro, acabou ouvindo...

— Se você quiser, Jéssica, quando eu acabar lavo minha mão e seguro o seu pipi pra você fazer xixi.

— Não seu bobo, meninas não têm pipi, e a xoxota não é pra fora, então não dá pra segurar.

— Jéssica, o que você está fazendo aí? — pergunta atônita a professora.

— Ajudando o Joãozinho a fazer pipi porque a mão dele tá suja, ué!

— Ah! Ahn! Sei. Que ótimo! Você é uma amiguinha muito legal. Parabéns. Ahn... olha... eu... eu até vou dar uma... uma balinha, isso, uma balinha a vocês.

Que situação! A professora nunca tinha passado por algo semelhante e o inédito da cena trouxe muita insegurança. Não sabia o que fazer. A idéia da bala premiando a atitude cooperativa foi providencial. Voltaram todos para a sala, o dia transcorreu com tranqüilidade e finalmente o último aluno foi entregue à mãe. E a professora foi para casa descansar com a certeza da missão cumprida.

À noite, enquanto a mãe de Jéssica servia sobremesa a seu marido no jantar, ouve a filha comentar:

— Sabe, papai, hoje eu ganhei uma balinha da minha professora porque fui muito boazinha e ajudei meu amigo.

— É, minha filha, que legal! E como você o ajudou?

E Jéssica contou feliz aos pais a sua boa ação do dia.

Céus!

Jéssica contou aos pais.

Os pais contaram ao delegado.

O delegado contou à dona Joana, diretora da escola.

A diretora contou à professora Maria Lúcia no momento da demissão.

A professora Maria Lúcia contou ao santo de sua devoção em seu pranto de oração.

Os pais de Joãozinho contaram aos pais de...

Tudo por causa de um xixi. Ou seria por causa da mão suja? Certamente não.

É MELHOR OUVIR ISSO QUE SER SURDO

✳

O galo cantou. Seu Justino levantou. Era sempre assim.

Invariavelmente, havia seis meses, seu Justino levantava-se às 5 horas da manhã. Não tinha despertador, nem relógio, mas tinha o galo da vizinha. Nunca falhava. Dona Vita, sua mulher, até já perguntara o que faria quando o galo morresse. Ele sorriu e disse-lhe que até lá o *seu relógio interior* se encarregaria de acordá-lo.

Espreguiçou-se gostosamente, foi ao banheiro lavar-se e, para pentear o cabelo, olhou-se no espelho trincado, de moldura azul, pendurado por um prego na parede com um pedaço de barbante. Olhou-se no espelho e gostou do que viu.

— Já estou parecendo gente novamente. Engordei. Parece até que diminuíram as rugas. Não é pra menos. Depois de ter ficado desempregado por tanto tempo, de ver minha Vita chorando pelos cantos por não ter o que dar pros meninos comerem e ouvir meus filhos gemer de fome, encontrei este emprego bendito que até casa me deu. É bom demais! Só tenho de remoçar mesmo, pensou Justino enquanto se dirigia para a cozinha e fazia café.

Entornou um pouco do líquido fumegante na caneca de esmalte azul, com a ágata toda lascada, abriu a porta, aspirou profundamente o cheiro do amanhecer e tomou um gole de café como quem bebe o néctar dos deuses. Justino estava feliz!

Sentia que iria prosperar. Depois de muita porta fechada na cara, fazia seis meses havia encontrado emprego de jardineiro e caseiro naquela escola. Trabalhava no que mais gostava — com a terra e as plantas. Conversava com elas. Dava nome a cada um de seus canteiros. Amava tanto aquelas plantas que passava com sua simplicidade esse amor para as crianças. Nunca houve tanto respeito aos canteiros, por parte dos alunos como depois que Justino chegara. Ouvia-se sempre ele conversar com as crianças sobre as plantas, ensiná-las a cuidar delas, a preparar a terra. Os professores até já incluíam as *aulas de jardinagem do tio Justi* (como as crianças carinhosamente o chamavam) em seus planos de aula. Ele morava numa casa de três cômodos e, pela primeira vez em sua vida, com paredes de tijolos.

— Vejam só! Tem até banheiro dentro de casa, com chuveiro quente e espelho! É, seu Justino, daqui pra frente só vai ficar melhor. Tenho certeza!

Sorrindo, voltou à cozinha, colocou a caneca sobre a pia e foi pegar um pãozinho da cesta que estava sobre a mesa. Já ia levando o pão à boca para a primeira mordida, quando se lembrou de contar quantos havia.

— *Ichi*! Só tem quatro, como sempre. Um pra Vita, outro pro meu moleque e outro pra filhota. Esse seria pra mim se... não tivesse uma hóspede aqui. Não vou comer. A menina deve estar acostumada a comer bem. Não vai ser igual na casa dela, mas pelo menos precisa ter um pão pra comer. Depois eu como um pouco do mingau de aveia que a Vita faz quando levanta.

Justino recolocou o pão na cestinha, cobriu com o pano xadrez, pegou a vassoura e foi varrer a entrada da escola como fazia todos os dias. Enquanto varria, olhava toda hora para o portão, como se esperasse alguém. Mas terminou sua tarefa e ninguém apareceu. Sentou-se na portaria e esperou. Às 6h30, seu Eliseo, o porteiro, chegou e perguntou:

— Ô, homem! Tá dando plantão pra quê, sô?

— Bom dia, Eliseo. Tô aqui sentado esperando você chegar pra explicar o que tá acontecendo, que é pra você saber o que dizer quando a mãe da Julianinha chegar.

POR TRÁS DOS MUROS DA ESCOLA

— Mas que diabo você tá falando, homem!? Por que a mãe da Julianinha viria agora aqui, se a menina é do período da tarde, seu?

— Viche! Você não tá sabendo de nada.

E diante dos olhos cada vez mais arregalados do seu Eliseo, Justino contou que a menina dormira em sua casa.

Julianinha era aluna do jardim II, freqüentava a escola no período da tarde e era muito conhecida de todos por vários motivos: era muito tudo. Muito bonita, muito viva, muito brincalhona, muito falante, muito *pidona* e muito, mas muito carente. Sua mãe vivia absolutamente distante dos padrões ditos normais e, dentro disso, era hábito trazer a menina depois da hora e vir buscá-la bastante atrasada. Era comum seu Eliseo acabar seu horário de trabalho às 19 horas e deixá-la com seu Justino, esperando até que a mãe, num pequeno surto de responsabilidade, se lembrasse de ir buscá-la. Desta vez, só havia uma pequena diferença na história: a mãe não fora buscar Julianinha e... a menina dormira em casa do Justino, numa cama de solteiro, onde já dormiam os dois filhos dele.

— Homem de Deus! E você não telefonou pra casa da menina?

— bradou seu Eliseo, preocupado com o rumo que o caso poderia tomar e já pensando em como se livrar de qualquer responsabilidade.

— Telefonei, sim, disse Justino. Atendeu uma secretária eletrônica e eu até deixei recado. Mas, até agora, nada.

— E você não telefonou pro seu Rodrigues pra contar o que estava acontecendo?

— Claro, homem! Já era mais de meia-noite quando liguei a última vez, e aí a menina pegou no sono na cama das crianças. Como eu já não agüentava mais de sono, fui dormir. O homem tá solteiro, deve ter ido pra gandaia.

Outros funcionários começaram a chegar. Também professores e alunos. O circo foi armado. Todos incrédulos e, ao mesmo tempo, excitadíssimos, pois, sem dúvida, a história era um prato cheio.

Quando o senhor Rodrigues, o diretor, chegou, ouviu várias hipóteses explicativas. Desde a possibilidade de a Valéria, a mãe da Juliana, ter sofrido um acidente, até ter feito uma viagem de última hora e a pessoa encarregada por ela, de ir buscar a menina, tê-la esquecido.

Senhor Rodrigues estava completamente atordoado com os palpites e falatórios e com o absurdo do fato em si. Pediu aos professores que fossem para as salas de aula levando seus alunos e, aos demais funcionários, que assumissem seus postos de trabalho.

Chegando à sua sala, Rodrigues respirou fundo:

— Preciso tomar uma providência imediatamente. Vou telefonar para a casa da menina, quem sabe chegou alguma empregada.

Discou o número e aguardou. Depois do terceiro toque, ficou em alerta.

— Se está chamando, significa que alguém desligou a secretária eletrônica, ou seja, alguém ouviu o recado do Justino.

Já estava quase por desistir da ligação depois de tantas chamadas quando uma voz rouca, lenta, quase bêbada, disse:

— Alô!

— Quem está falando? — perguntou Rodrigues.

— É a... é... sou eu, oras!

— Eu quem?

— A Valéria, por quê?

— Bom dia, Valéria. Quem está falando é o Rodrigues, do colégio da Juliana.

— Ahn! Sim! Tá! E daí?

— Valéria, você ouviu a secretária eletrônica quando chegou em casa?

— A secretária...? A eletrônica? Acho que não ouvi, não. É, não ouvi. Só desliguei.

— Valéria, onde está a Juliana? Você sabe?

— Sei, claro. Acho que sei. Quer dizer, não sei se sei.

— Valéria, eu exijo sua presença aqui na escola dentro de no máximo trinta minutos.

— Ah! Não, Rodrigues. Eu acabei de me deitar porque tive uma superfesta badaladíssima, estou de ressaca e não quero me levantar agora, não. O que você quer? Não dá pra ser por telefone?

POR TRÁS DOS MUROS DA ESCOLA

— Estou à sua espera, Valéria. Até já!

Rodrigues desligou o telefone. Estava possesso. Aquilo era um abuso. Foi para a recepção da escola, pois não agüentava ficar esperando em sua sala. Chamou o Justino para saber notícias da menina.

— Ela está muito bem, seu Rodrigues. Já está acostumada com a gente. A Vita deu um banho nela, emprestou uma roupa da minha... Sabe, é roupinha simples, de pobre, mas bem limpinha. Já tomou leite, comeu pão. Tá bem.

Os trinta minutos que Rodrigues havia *dado* a Valéria já se haviam esgotado fazia muito tempo quando ela apontou na portaria da escola.

— Bom dia, Rodrigues! Vim o mais rápido que o meu sono permitiu. Oi, tio Justi, tudo bem?! — cumprimentou Valéria alegremente ao entrar na recepção.

— E com você, Valéria, tudo bem? — perguntou Rodrigues com uma grande ponta de cinismo.

— Tudo. Diz o que você precisa de mim que ainda tenho de *caçar* minha filha. Vindo para cá me lembrei de que ontem eu não vim buscá-la. Preciso descobrir onde ela está. Bom, mas esperta como é, na certa descolou a casa de alguma amiguinha para ir dormir.

— Dona Valéria, a Julianinha dormiu na minha casa — disse Justino.

Ouviu-se então uma gargalhada de Valéria.

— Céus! Essa minha filha é demais! Ela sabe se virar mesmo. Era isso que você queria me dizer, Rodrigues?

— Era — respondeu pasmo.

— Ah! Mas isso você podia ter dito pelo telefone, né?! E, virando-se para Justino, continuou: — Já que ela está aqui mesmo, você dá almoço e manda lá pra classe na hora da aula! Assim, não preciso levá-la agora e trazer daqui a pouco...

— Eu não acredito — balbuciou Rodrigues olhando para o Justino.

Seu Rodrigues, é melhor ouvir isso do que ser surdo — disse Justino, saindo da sala.

Quando o sentimento venceu a ciência

✳

— Sabe que, ouvindo você dizer isso com tanta naturalidade, fico em dúvida se você está tendo uma crise de *outubrite*, ou não se dá conta do que diz?!

— Por quê? O que há de tão absurdo no que estou dizendo? Eu sinto isso, oras!

— Claudia, você está pondo em dúvida o diagnóstico de uma psiquiatra que é uma das maiores autoridades da América Latina em crianças autistas. A doutora Edna defendeu sua tese em países da Europa e em várias universidades americanas. Esse relatório é o resultado de meses de observações e testes.

Neuza respirou fundo. Confiava no trabalho de Claudia. Durante todos esses anos dirigindo escolas, tinha visto poucos educadores com tal dedicação e competência. Mas assim já era demais. Não permitiria que ela questionasse a capacidade da doutora Edna dessa forma.

— Claudia, não se zangue, mas acho que você se apegou muito ao Breno e não consegue conviver com a idéia de ele não poder continuar em nossa escola. Todos querem o melhor para ele e, se a doutora Edna está indicando uma escola especializada para o menino, certamente o faz com a certeza de que assim ele será mais bem atendido em suas dificuldades. Apesar de toda a sua dedicação, nem você nem ninguém de sua equipe tem aptidão para trabalhar com crianças autistas, mesmo num grau menor, como é o caso do Breno.

— Ele não é autista! — exclamou Claudia com veemência.

— O fato de ele ainda falar (mesmo que por monossílabos), por vezes até envolver-se em alguma atividade (ainda que seja raro) e cumprir algumas ordens, não dá condições de embasamento para um diagnóstico amador como é o seu. Você tem a imagem de autista como o irmão do Breno — o Pedro. Mas a doutora Edna foi bem clara. O seu protegido está num grau inicial de manifestação e ele, indo para um lugar com pessoas especializadas, terá mais condições de se desenvolver saudavelmente. Baseada em que você pode contestar esse diagnóstico?

— Neuza, eu não tenho nenhum dado científico para contestar nem critérios teóricos para embasar o que digo. Tenho apenas as observações feitas dessa criança nas mais diferentes situações, tenho considerações dos professores descrevendo atitudes que não coincidem com os relatos da doutora Edna e da psicóloga que acompanha o menino. Eu, acima de tudo, tenho o meu sentir e pressinto que o Breno não é isso! — e balançou no ar o laudo enviado pela psiquiatra.

— Muito bem, você dirá então para a mãe do menino em sua entrevista que não sabe dizer por que nem como não aceita a palavra da médica. Minha querida, me desculpe, mas não permitirei que você faça essa bobagem. Vá para casa descansar que já passamos muito da nossa hora.

Neuza saiu da sala balançando a cabeça, pois sabia que não havia conseguido mudar o estado das coisas com aquela conversa. Precisaria refrescar um pouco as idéias para retomar o assunto.

Claudia segurou a cabeça entre as mãos e deixou seu pensamento vagar pelo tempo. Breno havia entrado na escola fazia pouco menos de um ano. Era um aluno do jardim II, estava então com cinco anos. A professora trazia sempre a mesma queixa: ausente, dispersivo, não se relacionava com o grupo, falava sozinho e de forma incompreensível, como se fosse um resmungo. Atrapalhava a rotina normal da classe porque simplesmente não atendia a ordens. Era impossível fazer qualquer avaliação de aprendizagem, pois não participava das atividades. Ficava muito tempo *guardado* em seu mundinho particular. Por outro lado, foi pego várias vezes dramatizando num canto da sala, e nesses momentos era muito rica sua verbalização, bem como seus movimentos, sua coordenação... No entanto, bastava perceber que estava sendo observado para parar imediatamente.

Quando foi para a escola, já estava sendo acompanhado pela doutora Edna e sua equipe, que naquela época cuidavam principalmente de Pedro — o irmão, autista sacramentado.

Tudo se encaixava: relatório da clínica e relatório da escola. Mas em nenhum momento a equipe da clínica viu suas famosas dramatizações nos cantos, quando realmente ele parecia outra criança.

— Não, eu não estou enganada. Quando ele baixa a guarda, escapa aquela força em seu semblante gritando para o mundo, com muita energia, que ele quer sair dessa. Ele está pedindo ajuda silenciosamente. Mas o que eu posso fazer para ajudá-lo?

De repente teve uma idéia. Tirou as mãos da cabeça, arregaçou as mangas e foi até o armário, procurando o que nem mesmo ela sabia. Parou em frente ao armário aberto, olhou, olhou... e, como se uma luz se acendesse, começou a tirar vários brinquedos e a organizá-los numa prateleira repleta de livros, que em instantes ela esvaziou, conseguindo lugar para os brinquedos e guardando os livros no armário. Afastou-se um pouco da cena e sorriu satisfeita com sua idéia. Apagou a luz da sala e saiu com energia renovada.

Depois de ter combinado com a professora de Breno para mandá-lo de vez em quando à sua sala sob os mais variados pretextos, só podia esperar para que a idéia desse certo. Ela se sentia prestes a descobrir o que realmente acontecia com o menino.

Já estava querendo desanimar, pois diariamente o menino ia à sua sala, ela o convidava a usar os brinquedos da prateleira, mas... nada. Apesar de colocar a cada dia um brinquedo diferente, Breno não dava nenhum sinal de interesse.

Naquele dia Breno chegou devagar e, como sempre, olhando para um ponto vazio. Parou na frente da mesa como um autômato e ficou ali, sem dizer nada, com os olhos baixos.

Claudia preparou um sorriso, levantou os ombros e, lançando um meigo olhar ao menino, falou:

— Breno, eu quero conversar mais um pouquinho com você hoje, pra ver se me conta sobre as coisas que gosta de fazer, seus amigos... Mas, como sempre, estou terminando um trabalho e preciso que você espere um pouco. Enquanto você pensa se vai resolver falar comigo, pode dar uma espiada nos brinquedos. Fique à vontade que eu atendo você já, já.

O menino continuou imóvel, não ergueu sequer o olhar.

Claudia pôs-se a mexer nos papéis que tinha sobre a mesa, fazer de conta que falava ao telefone, abrir e fechar a gaveta.

Meu Deus!, pensou Claudia. Quero que ele dramatize e eu é que estou fazendo isso.

Alguns minutos se passaram até que Breno esboçasse um movimento: levantou lentamente a cabeça e começou a olhar para o que Claudia fazia.

— Vou pegar.

— Como? — perguntou Claudia.

— Vou pegar — repetiu Breno.

— E o que você vai pegar? — perguntou Claudia tentando controlar a emoção, por ele estar falando espontaneamente.

— O brinquedo. Vou pegar um brinquedo da prateleira. Vou ver o que tem.

Dizendo isso, caminhou devagar até a prateleira. Parou e olhou para trás. Claudia rapidamente baixou os olhos e voltou a movimentar papéis, gavetas, telefone, não perdendo nada pelo canto do olho. O menino pegou um quebra-cabeça e foi para o tapete.

— Sente-se como um índio — disse ele para si mesmo. E sentou-se como um índio.

Começava o *faz-de-conta*, pensou Claudia, com as faces rosadas de ansiedade.

Depois de alguns minutos manipulando os brinquedos em silêncio, Breno parou de repente e começou a balançar vigorosamente o corpo de um lado para o outro, para a frente e para trás, e a emitir um som ao mesmo tempo estranho e mântrico. De repente parou e disse:

— Não, você não precisa fazer assim, Pedro. Olhe, faça como eu...

— e Breno começou a manipular o brinquedo como se estivesse mostrando a outro como montar.

Novamente Claudia ficou com os olhos marejados e pensou que jamais poderia ser psicóloga ou algo semelhante, pois com certeza choraria diante dos pacientes.

Fungando para disfarçar a lágrima, continuou atenta ao menino que nesse momento dizia para o *nada*:

— Veja como é fácil. É só prestar atenção. É muito simples. Você, Pedro, pode conseguir. Eu não faço direito como a tia Edna pede porque assim eu fico igual a você e aí posso fazer o que quero, pois todos pensam que sou doente também. Eu faço de conta. Então, se você quiser, também pode fazer certo como eu fiz agora. Não tem ninguém olhando — disse Breno, olhando para o lado em que Claudia estava, para se certificar de que ela estava mesmo trabalhando.

Claudia estava a ponto de explodir. Quase não controlava mais a excitação por ter descoberto finalmente o segredo de Breno. Ela estava certa. Seu sentir estava certo. Com as mãos tremendo, pegou o interfone, ligou para a sala da Neuza e num cochicho pediu que viesse até sua sala.

Neuza chegou tão de mansinho que Breno nem notou sua presença de tão concentrado que estava em seu *faz-de-conta*. A um sinal de Claudia, encostou-se na parede e observou. Ficou impressionada com o que viu e ouviu.

Três dias depois, numa entrevista em que estavam presentes Claudia, Neuza, a doutora Edna e sua assistente, a cena de Breno na sala de orientação foi descrita em detalhes. O que se viu foi uma conceituada terapeuta abismada com o que ouvia, tentando justificar algumas coisas com palavras bem científicas e completamente incompreensíveis para leigos. Depois do relato de Claudia, a doutora dirigiu-se a Neuza dizendo:

— Deve estar havendo algum engano, porque é impossível Breno ter feito isso. Eu apliquei uma bateria de testes conceituados e os resultados foram muito claros: ele é autista em início de processo e não tem condições de *armar* uma cena como essa descrita aqui.

Desta vez Neuza pôde sentir por que Claudia ficava tão alterada quando defendia a idéia de que havia um engano no diagnóstico do menino. Levantou-se, olhou firmemente para a doutora Edna e disse:

— Como diretora é meu dever passar para a família um relatório das observações que temos feito aqui na escola. A providência que a senhora tomará, como terapeuta, não cabe a nós discutirmos. Respeito o seu trabalho, mas hoje, tanto quanto Claudia, não concordo com seu diagnóstico. Relutei bastante em aceitar as considerações de minha orientadora, pois me apoiava no fato de ser uma leiga questionando uma cientista. Porém, com paciência, dedicação e muito trabalho ela provou ter razão. Hoje, digo com tranqüilidade: o sentimento venceu a ciência.

A doutora Edna cortou relações com a escola. A família do menino tirou-o da terapia. Aos nove anos (depois de ter cursado com sucesso o pré, a 1ª, 2ª e 3ª séries na escola, além de ótimo relacionamento com o grupo), Breno foi para um colégio onde havia classes com atendimento especializado para crianças acima da média (pequenos gênios). Soubemos que superou em notas todos os colegas de classe e acabou sendo enviado a um colégio semelhante, só que na Suíça — com mais recursos para atendê-lo em suas potencialidades. Ouvimos dizer que já está estagiando com um grupo de cientistas da Nasa.

E a Claudia, e a Neuza? Onde andarão? Essas continuam trabalhando na escola e fazendo parte da história de outros seres-alunos. Continuam respeitando a ciência, mas nunca deixando de lado o *sentimento*.

※

Diferentes formas de amor — julgá-las? Eis a questão

✳

— Não quero nem saber! Vou até as últimas conseqüências para ficar com minha filha. Dane-se que a lei protege a mãe. Se a Clara ficar com a mãe, vai acabar sendo criada pela avó mesmo, porque a mãe está sempre ocupada com a carreira e nunca tem tempo para a filha. Eu vou à luta!

— Sabe, é raro eu ouvir isso aqui. O mais comum é o pai dizer que os filhos são de competência da mãe, principalmente nos casos de separação. Quando muito, pagam a pensão e em geral muito contrariados.

— Mas é exatamente isso que minha mulher quer: abro mão da menina e dou uma gorda pensão na mão dela. Apesar de ela ganhar bem como artista da TV, quanto mais tem mais quer, né? Mas ela se engana, eu não caio nessa.

— Me diga, João, como fará para criar, educar, enfim, a Clara. Afinal, você é um artista famoso, viaja constantemente fazendo *shows*, fica muitas vezes meses fora de casa. Você está dizendo que a mãe da Clara não tem tempo de ficar com ela em função da profissão. E você? Conseguirá esse tempo? Estará disposto a abrir mão de compromissos profissionais e sociais para ser um pai presente?

— É claro, oras! Se não, onde estaria o sentido desta minha luta para obter a tutela da menina? Você está achando que isso é um capricho meu?

— Não, João, eu não acho nada. O meu papel não é o de *achar* e sim o de tentar *ajudar*. Não foi para isso que você me procurou?

— Sim, claro. Você sabe, eu estou casado novamente há quatro anos. As duas meninas que estudam aqui são desse casamento. A Teca é uma mãe muito presente e tem um excelente relacionamento com a Clara que, por sua vez, demonstra gostar bastante dela. Isso facilita as coisas. Você tem razão. Eu disponho de pouco tempo para me dedicar às minhas filhas, mas pelo menos quando eu estiver em casa terei as três perto de mim, né?

— Que bom! Se isso for bom para a Clara é o que vale. Parabéns! Achei ótimo você vir pessoalmente ver se há possibilidade de a Clara ficar nesta escola. Assim, as irmãs ficarão juntas. Espero que você consiga a tutela, e nossa escola está à disposição para receber a menina.

Ivany levou o pai até a porta da sala, dando por encerrada a entrevista. Acompanhou com os olhos até o pai desaparecer depois do portão de entrada. Valia a pena observá-lo — ele era muito bonito.

Bonito só, não! Lindo, maravilhoso, charmoso, carismático, sensual — um gato, enfim!, pensou a orientadora em voz alta.

— Que empolgação, hein?! — disse Theresa, a professora do jardim, que passava ao lado e ouviu o comentário. E, aproximando-se de Ivany, confidenciou-lhe ao ouvido:

— Você está certa. Ele é um "T"!

Passaram-se uns três meses e Ivany nunca mais viu o supergato, a não ser pela TV ou num *show* a que assistiu no Olímpia. Quem cuidava de levar e buscar Janaína e Kika na escola era o motorista da Teca.

Numa tarde, porém, Teca foi pessoalmente pegar as meninas. Como uma delas estava tendo problemas de relacionamento com o grupo da classe, e Ivany havia feito um comentário no relatório, ela entrou, para uma palavrinha com a orientadora.

Falaram muito de Kika, combinaram algumas estratégias comuns para tentar ajudá-la a vencer sua insegurança. Aí, Ivany fez um comentário que acabou trazendo grandes revelações.

— Teca, vocês me parecem ser uma família tão tranqüila, espontânea, participante, que fica mais difícil de entender de onde vem essa insegurança.

— Ah! As aparências às vezes enganam — disse Teca. Nesse momento passou uma profunda sombra de tristeza misturada com desânimo em seu olhar.

— Você quer falar sobre isso? — perguntou Ivany, como boa psicóloga que era.

Foi a gota d'água. Teca pôs-se a chorar.

A orientadora puxou a caixa de lenços de papel e... esperou. Enquanto esperava, pensou: ai, ai, ai, meu paizinho, lá vem outra história cabeluda. E, claro, ouviu o outro lado daquele homem cheio de charme, que também, como ator, era excelente até na vida real.

Teca contou-lhe que quando o marido foi chamado ao Rio de Janeiro para que o juiz ouvisse as partes, dando andamento ao processo de tutela paterna, João estava às voltas com um novo contrato milionário com duas gravadoras interessadas em seu *passe*. Entre ir ao Rio para resolver o futuro da filha e ficar em São Paulo, calculando o que seria mais interessante para sua vida profissional, optou pela segunda sem pestanejar; não compareceu à audiência e pediu aos advogados que cancelassem o pedido de tutela. Ivany achou estranho, afinal, ele parecia tão empolgado e empenhado em ficar com a filha! Ela fez esse comentário com Teca e ficou boquiaberta com o que ouviu:

— Sabe, Ivany, o João age por ímpetos, segundo seus interesses momentâneos. Apesar de ele não ter nenhuma preocupação financeira — muito pelo contrário —, achou que estava dando pensão muito alta à filha. Quando a Clara era menor, ele reclamava das notas de fralda descartável que a ex-mulher mandava. Perguntava por que ela não usava fralda mais barata na menina. Eu amo demais meu marido, mas procuro não perder a noção da realidade. Ele é muito envolvente e carismático e faz com que todos acreditem exatamente na verdade dele; o que faz no palco, faz na vida.

— Então ele representou muito bem, pois conseguiu me convencer — comentou Ivany.

— Ele sempre convence. Veja, ele é visto por todos como um homem maravilhoso, um marido cioso e um pai exemplar. No entanto, já fui traída várias vezes, assim como as outras três ex-mulheres dele, e o exemplo de pai é bastante questionável. Se você tiver tempo, vou-lhe contar uma historinha que talvez sirva até pra você entender melhor a insegurança da Kika que, como é a mais perceptiva e ligada ao pai, sofre diretamente com isso.

Ivany se dispôs a ouvir. Primeiro porque estava realmente tentando encontrar um caminho para ajudar Kika, e... sinceridade? Estava curiosa pra chuchu. Afinal, também era *filha de Deus* e o fato de ser orientadora não a imunizava dos instintos ditos menos nobres.

Teca contou a história:

Sexta-feira passada, João foi para o Rio de Janeiro logo pela manhã. Como no dia seguinte era festa de aniversário de Janaína e ele retornaria à noite para São Paulo, Teca sugeriu que falasse com a mãe de Clara e trouxesse a menina com ele. Assim, ela participaria da festa de aniversário da irmã e passaria o fim de semana com eles. Ele ficou empolgadíssimo com a idéia. Às 18 horas, Teca foi para o aeroporto e levou as meninas, que se embonecaram para esperar a irmã. Lá chegando, acharam estranho, pois ele estava sozinho.

— Oi, querido. O que aconteceu com a Clara?

— Com a Clara? Por quê? Não sei? O que houve?

— Ué?! Ela não vinha com você?

Ele empalideceu. Deu uma risada nervosa, ficou sem graça, mexeu no cabelo como faz quando fica sem resposta, e disse:

— Ih! Esqueci!

— Como esqueceu? — perguntou Teca assustada.

— Eu combinei com o motorista da mãe dela para levá-la ao aeroporto Santos Dumont às 18 horas e...

Nesse momento eles foram interrompidos por uma leva de fãs, pedindo autógrafos. Essas interrupções sempre foram difíceis para Teca, mas naquele momento ficou quase insuportável. Afinal estavam falando de uma criança.

— João, agora são 18 horas.

— Pois é. Acabei a reunião mais cedo e como quero ir à festa do Chitãozinho resolvi vir mais cedo para Sampa. Estou morrendo de sono e quero dormir um pouco para estar em forma na festa. Aí esqueci da Clara. Peguei o vôo das dezesseis e cinqüenta e cinco e me mandei.

— Mas, João, e agora? O que se faz?

— Agora paciência, oras!

— Mas a menina vai ficar lá no aeroporto te esperando até que horas? É melhor ligar para o celular do motorista — disse Teca já aflita com a angústia e a frustração que a menina iria sentir.

— Eu não vou ligar, não. Ela vai começar a chorar na minha orelha e vai estragar meu dia. Eles voltam pra casa e pronto. Amanhã damos outra solução e também ela não vai morrer por não vir a uma festa.

— Não, morrer não vai. Só vai ficar muito triste por ter sido esquecida pelo próprio pai.

— Pai, pai, minha irmã não vem na minha festa? — perguntou Janaína puxando a barra da camiseta do pai.

— Está vendo o que você fez, Teca! Não pode me ver em paz, não? Agora vai ser uma sinfonia só no meu ouvido. Você não podia ficar calada? Pra que você trouxe as meninas? Tudo culpa sua. Agora se vire com o problema criado para suas filhas — disse João já num tom de voz alta, gesticulando e empurrando o carrinho da mala com bastante vigor.

— Ah! Quer dizer, João, que a culpada de tudo agora sou eu? O grande ídolo não erra jamais, não é mesmo?

— Pára com esse drama. Você *edita* demais, parece até novela de horário nobre. Depois eu conto uma história bem bonita pra ela e fica tudo por isso mesmo. Criança esquece tudo muito rápido. Chega de drama — acrescentou, dirigindo-se para o estacionamento, não perdendo, porém, nenhuma oportunidade de despejar seu charme para as pessoas a seu redor, distribuindo sorrisos, autógrafos e beijos pelo caminho.

Não se tocou mais no assunto. No trajeto de volta para casa, ele fez comentários vagos sobre o resultado de sua reunião.

— Sabe, Ivany, apesar de conhecer tão bem essa outra faceta de meu marido, eu ainda me surpreendo com a facilidade com que ele muda as regras do jogo.

Eu pensava exatamente isso, dentro do carro, naquele início de noite, quando começou a tocar no rádio uma canção do João. O DJ fez um comentário quando anunciou a música, dizendo que João havia composto, inspirado em suas filhas. Dizia ainda da beleza daquele amor, de como João era um pai dedicado e envolvido com as filhas. Naquele momento dei um sorriso triste e pensei comigo mesma: e ninguém pode dizer que esse amor não é verdadeiro. Afinal, quem somos para dizer isso? Talvez sejam apenas diferentes formas de amor.

✳

As salas da vida — com ou sem tapetes?

✱

Havia tempos não me sentava no degrau desta escada. Foi sempre um lugar muito importante na minha vida. Parece automático. Basta que eu me sente aqui para que minhas experiências pessoais ou profissionais comecem a passar pela minha cabeça como num filminho. Trabalhei neste prédio por quase vinte anos. Sem dúvida, este foi o lugar onde mais vezes estive comigo mesma. É mágico para mim. Tão mágico que chego a *ouvir o silêncio*, apesar do barulho que sempre houve aqui, já que fica de frente para o recreio da pré-escola. Neste momento, por exemplo, a menos de dez metros do *meu degrau*, há pelo menos umas quarenta pessoas, pois estamos num churrasco de confraternização, comemorando o término de mais um ano de trabalho.

Quantas confidências troquei com esta enorme mangueira ao lado? Quantos desejos tão íntimos os grãos de areia do tanque deste parque conhecem?

Como é interessante a vida... Independentemente da nossa vontade, ela acontece.

Mesmo que eu não queira, mesmo até que eu não exista, o Sol nascerá todas as manhãs. Eu poderei não vê-lo, sequer senti-lo, e isso não significa que ele não esteja lá. Como nós nos enganamos brincando de *poderosos controladores* de tudo e de todos. Vivemos na ilusão de que o que não for concreto, visível, audível ou palpável fica sob nosso controle, escondemos e pronto.

Deixa de varrer seus medos
Pra debaixo dos tapetes das salas
Como se fossem segredos
*Pra você, meu Deus, tão cheia de dedos**

Esse é um trecho de uma música, ainda não gravada, mas de grande beleza. Ele ilustra essa conduta que acabei de dizer.

Em uma escola essa atitude é facilmente observável. Milhares de historinhas ilustram milhares de *pegadinhas* que achamos que damos na vida. Ilusão. Pura ilusão!

Quantas vezes somos algozes de nós mesmos, enveredando por caminhos obscuros, escusos e sempre perigosos. É a escolha de cada um e não cabe a ninguém julgar ou interferir. A menos que você encontre uma Carolina como eu encontrei em meu caminho. Carolina é uma moça muito bonita. Meu avô diria:

— É de fechar o comércio!

— É uma Pitchulinha! — clamaria o Dinho dos Mamonas.

Alta, fina de corpo, lábios grossos e sensuais, Carolina sempre se faz notar. Caso as pessoas estejam muito distraídas e não percebam sua eletrizante entrada no ambiente, ela logo providencia um *pequeno acidente* para que todos os olhares se dirijam para sua figura. Carolina chega a competir com os próprios filhos nesses momentos pois, mesmo que seja uma festa infantil, ela dá um jeito de ser o centro das atenções. Tem dois filhos lindos: o menino, Pedro Celso, agitadíssimo como a mãe; a menina, Maria Eugênia, observadora e séria como o pai.

Carolina está sempre arrumada. Porém, o grupo de professoras, responsável pela entrega das crianças na saída, observou, maliciosamente, que depois que ela tirou uma lasca do carro do pai do Bruno,

---

* Trecho da letra da música *Deixa de varrer seus medos*, autoria de Danylo Leão.

durante uma manobra infeliz (ou seria feliz?), e por meio do acidente conheceu aquele *pedaço de mau caminho* ela vem caprichando ainda mais no visual. Especialmente às quartas e às sextas — dias em que o senhor Mathias pega o Bruno na saída da escola. Eu mesma comecei a notar que nesses dias tanto um quanto o outro chegavam muito cedo na entrada da escola. E, o mais interessante, de uns tempos pra cá ambos têm chegado muito atrasados, deixando os filhos muito tempo esperando e, lógico, chegam sempre juntos. Isso tudo nos faz pensar que quartas e sextas sejam dias mais especiais para os dois.

E hoje é uma sexta-feira. As aulas já acabaram há dez dias. Nós estávamos em trabalho de planejamento e encerrando nossas atividades saboreando um delicioso churrasco. No momento em que eu colocava o primeiro pedaço de suculenta e macia picanha em minha boca, nosso amigo Waldir me chama, avisando que há uma ligação telefônica para mim. Quando atendi, era Carolina.

Agora, sentada aqui no *meu degrau*, filosofando sobre o comportamento humano, relembro as palavras de Carolina ao telefone:

— Querida! Você precisa me ajudar. Você sabe como o Marcondes (o marido) é, não sabe? Sisudo, desconfiado. Ele não agüenta conviver com o meu alto-astral, então fica procurando pêlo em casca de ovo e infernizando a minha vida. Agora deu pra ter ciúmes até do padeiro. Pode? Parece piada, né?! Daqui a dois meses é aniversário dele e hoje eu saí para ver se escolhia o presente que as crianças darão a ele. Sabe como é, fui-me distraindo nas lojas e não vi a hora passar. Resultado? Cheguei em casa depois dele. Virou uma fera. Pegou o carro e saiu feito um louco, dizendo que vai aí falar com você.

— Mas Carolina... O que eu tenho a ver com tudo isso?

— É que eu disse a ele que fui ao shopping pela manhã e depois estava aí, numa entrevista com você, sobre o Pedro Celso.

— Eu não acredito que você disse isso!?

— É. Disse. Foi a primeira coisa que me veio à cabeça, de mais convincente.

— E o que *primeiro lhe veio à cabeça* foi envolver alguém que não tem absolutamente nada a ver com tudo isso?!

POR TRÁS DOS MUROS DA ESCOLA

— Por favor?! Você é minha amiga, oras. Me ajude a sair dessa enrascada. Que custa você confirmar minha versão?

O sangue realmente me subiu à cabeça. Com certeza minha pressão sanguínea estava a mil por mil. Tive vontade de entrar pelo fio do telefone, ir até a casa dela e literalmente *sentar-lhe a mão na cara.* Foi tão grande a minha raiva que até entendi como começa uma briga. Mas a ética profissional, a *finesse* de comportamento, a classe de atitude e o *raio que o parta,* tudo isso me fez respirar fundo, engolir mais um dos tantos sapos que se engole nessa profissão e apenas dizer:

— Carolina! Como você vai resolver *o seu problema* eu não sei. Só sei que eu *não direi* ao Marcondes que você esteve em entrevista comigo, pelo simples fato de isso *não ter acontecido;* de você não ter-me consultado a respeito e de eu detestar ser pressionada dessa forma. E estamos conversadas. Você vai me dar licença, mas tem uma maravilhosa picanha solitária em meu prato, ansiando pela minha presença.

— Você não vai fazer isso comigo! — choramingou. Ele está uma fera. É capaz de me matar!

— Há um ditado chinês que diz que se salvamos a vida de uma pessoa tornamo-nos responsáveis por ela. Como eu *não quero* ser responsável por você, não vou salvá-la. Boa sorte!

Desliguei o telefone.

Mais uma vez, alguém que se sente poderoso na hora de tomar qualquer atitude na vida, quando se defronta com as conseqüências, tenta esconder todo o lixo, *varrendo seus medos pra debaixo dos tapetes das salas.*

Sei disso porque também já varri. Não gostei do resultado e tirei os tapetes da *sala da minha vida.*

✳

Variações sobre o mesmo tema

Brincando de escrever

✳

Listamos vários temas. E para relacioná-los já surgiam dados resumidos sobre o que versariam. Nesse momento, demo-nos conta de que, apesar de serem muitos, tanto Alba como eu deveríamos registrar outros, resultantes de lembranças, de contatos com outros mediadores. Como seriam escritos os casos? Resolvemos brincar. Pegamos o mesmo tema, escrevemos e depois confrontamos. A idéia era poder juntar as idéias e montar um único texto ou, de repente, não. *Variações sobre o mesmo tema* surgiu do *de repente, não*. Assim, cada uma de nós teve o seu caminho, pois valorizamos aspectos diferentes do caso e isso nos agradou.

Depois, fizemos a brincadeira do *Eu começo, você termina, Faço o meio da história e você o começo e o fim. Você faz o final e eu...* Realizando esse tipo de exercício, fomo-nos aprimorando nas técnicas do Sherlock Holmes, pois, quem recebia a tarefa, muitas vezes precisava adivinhar que caso era aquele.

Foi divertido.

Iracy

Vialejar é preciso

❋

Ticket de embarque?

Para essa viagem não precisa de *ticket*.

Drogas, alucinógenos?

Não! Não se preocupe. Sou careta graças a Deus. Curto a vida natural e naturalmente a minha própria vida.

Como é então que eu viajo?

É um amigo quem me leva, num veículo *sui generis*, pois ele não voa, não desliza na água e não anda. Para essa viagem existe apenas uma necessidade vital: a Vontade. Depende da vontade de cada um.

A bagagem também é bem diferente — você não precisa de malas ou sacolas, trouxas ou sacos. Apenas de você mesmo. Declaração de alfândega? Só declarar que órgão do sentido usará — a visão ou o tato.

Também não há limite de idade para essa viagem e o que mais me encanta é não haver limite para a escolha de roteiros: nem o céu é o limite, pois lá também você poderá ir.

É lindo ver principalmente uma criança percorrendo os recantos pitorescos proporcionados por essa viagem e é fantástica a capacidade que ela tem de desdobrar roteiros, multiplicando-os numa infinita progressão geométrica.

Não há obrigatoriedade de acompanhantes, mesmo para os menores de idade. Para conquistar sua total independência, é necessário apenas tirar o passaporte que é conseguido por, no mínimo, um ano de estudos e uma vida de aprendizagem e aperfeiçoamento: a alfabetização.

Lembro-me muito bem de como foi minha primeira viagem. Havia recebido recentemente meu passaporte que paguei com o término da cartilha e, segundo as autoridades em educação, eu estava apta para escolher o roteiro de minha primeira viagem independente: o meu primeiro *LIVRO*.

O roteiro que escolhi havia sido lançado recentemente — *SAPATINHO DE CRISTAL*. Andei em mágicas florestas, conheci gnomos, duendes e bichos inimagináveis. Cavalguei em fogosos cavalos selvagens e atravessei mares em navios piratas. A luta entre a bondade e a maldade foi constante, pregando peças incríveis em todos nós. Percorri belos castelos, freqüentei nobres bailes trajando vestidos feitos de pedaços de nuvens e sofri quando foi perdido o sapatinho de cristal. Não podia acreditar que a viagem terminaria assim. E... não terminou, pois surgiu o belo príncipe que encontrou o sapatinho e a dona dele — a linda princesa.

Voltei para minha casa dessa viagem, sentindo-me maior e mais experiente, mais esperta e feliz! Era uma sensação tão boa que imediatamente escolhi outro roteiro, mais outro e outro ainda, e não parei nunca mais de *vialejar* — *de ler*.

Gostei tanto que passei a oferecer oportunidades de viagens a muitas crianças e adultos que cruzaram pela minha vida. Mostrei-lhes o caminho do passaporte, a alfabetização.

Nesse meu caminho, peguei carona em vários roteiros escolhidos pelas crianças e um deles me encantou em especial. Montávamos um evento exatamente homenageando o livro quando uma professora perguntou a seus alunos o que era, para eles, *um livro*. Surgiram inúmeras idéias interessantes, mas uma delas fez com que todos ali sentissem de fato a vida que existe em cada personagem de um livro. Foi a constatação de algo que sentíamos, mas simplesmente não conseguíamos definir, passar para palavras, algo que era pura sensação, sentimento. Mas o Bruno, sim, ele, com apenas seis anos (ou seriam seis mil?), com a precisão do movimento da Terra, com a leveza de uma pluma e com a maestria que só o sábio possui, ele conseguiu dizer o que é um livro:

— *Livro é aquela coisa que quando a gente abre os personagens saem e vão para a nossa cabeça.*

LIBER MUNDI OU O LIVRO

✳

O livro, publicação impressa constituída de páginas, também é símbolo. Símbolo da ciência, da sabedoria, da imaginação da vida. Segundo *Mohyddin in Arabi*, o universo é um imenso livro. *Liber mundi*. Livro da vida como a árvore da vida. Relacionados. As folhas dela — árvore —, os caracteres dele — livro. Uns e outros, nós. E tudo o mais contido nas leis maiores do Cosmos.

Conta-se ainda dos livros sibilinos, do livro dos mortos, do livro igual à taça — o Graal —, do livro do Bruno, do livro da Alba — mãe da Alba.

"É um objeto com uma porção de folhas onde tem algo escrito — coisa boas e coisas ruins. É um amigo muito importante, pois nos ensina muito. É algo que não se joga no lixo — simplesmente passa-se para outro. É uma Preciosidade" (Alba, mãe de, 74 anos, aposentada). Para dona Brancura o livro é sempre aberto, seu conteúdo passa para aquele que o investiga. E o coração poderá ficar como o livro aberto, passando tudo: pensamentos, sentimentos, sem restrições. Ao contrário do livro fechado, um coração que se esconde.

Um livro assim tem relação com o livro do Bruno — estudante da pré-escola, seis anos em 93: "Livro é aquela coisa que quando a gente abre os personagens saem e vão para nossa cabeça". Livro de histórias que guarda segredos. Fecunda e faz lembrar os aspectos do livro considerados pelo esoterismo islâmico; o macro e o microcósmico. O aspecto macro é o jeito do *liber mundi* — manifestação da essência primordial ou Inteligência Cósmica. E o aspecto micro, ah, esse aspecto todos conhecem bem. É a *inteligência* de cada um. E o Bruno, sem dúvida, também mostrou sabedoria ao expressar-se.

Voltando no tempo, me lembro dos romanos e dos egípcios. Os primeiros consultavam livros de bruxaria, de enigmas — os tais livros sibilinos, em momentos de situações complexas e quando precisavam de caminhos. Os egípcios encontravam no livro dos mortos as fórmulas de salvação que colocavam nas caixas mortuárias. Tais fórmulas serviam para o morto atravessar com *certa* tranqüilidade os lugares infernais e encontrar a luz do dia, amenizando o julgamento dos deuses.

Livro — símbolo de segredos divinos — quase sempre confiado aos iluminados!

Dizem que existem versões da lenda do Graal em que aparecem identificações da taça com o livro. A história do Graal trata da procura de uma espécie de recipiente — uma taça de raios de luz celeste — que está oculto. Parsifal, o cavaleiro, procura longa e duramente o Graal, enfrentando perigos externos e descobertas internas. Tudo muito simbólico. Parsifal consegue, passando por um labirinto de dificuldades, reviver um caminho com consciência e penetrar bem no fundo, encontrando a resposta — o Graal —, o que faz com que esse cavaleiro retome sua unidade, sua essência. E o fora e o dentro tornam-se um só.

Se o livro é o Graal, é também a procura da palavra perdida, a busca da sabedoria maior que se torna acessível ao mais comum dos mortais. Parsifal torna-se herói com seu feito, mas um herói muito humano — porque cheio de falhas —, por isso mais próximo de nós.

Hoje, fazemos a leitura de textos, palavras, símbolos, desenhos, esculturas, movimentos, corpos, olhares, vestes, traços faciais. Tudo o que é possível ler é livro? Não importa. Vale saber que tudo é parte de um livro maior. Um livro que tem forma de Maria, de cidade, de país. Tem forma de vírus. E pega. E a saúde não tem cura.

Soemêg sod osac O

❋

?ossoP .gnatsum o moc racnirb uoV —
.emoT !oralC —
Assim se escreve. Assim se lê.

O gosto pelo lúdico era grande nos dois. Mas o maior prazer no exercício de burilar idéias parecia ser de Marc. E Jean aprendia fácil as novidades do irmão. Só que a última ninguém sabia quem começara. Geralmente os pais acompanhavam tudo. Desta vez a coisa fora notada já pronta. Estavam eles com três anos e nove meses. Falavam com fluência aquela língua e os dois se entendiam. Todos ao redor ficavam com cara de bobo. Mamãe tentou descobrir, não conseguiu. O *papy* perguntava e era simplesmente ignorado, quando não olhado com certo desdém.

Os pais, preocupados, procuraram uma psicóloga. Depois de tanta investigação, a moça pediu para ver os pequenos, pois não conseguia nada plausível que justificasse a invenção dos gêmeos. Queria ela ouvir a língua das crianças, para poder evoluir no caso.

A entrevista foi um fracasso. Marc e Jean só falaram um português excelente para a idade. Construções claras, corretas, pronúncia, então, nem se fala. A *psico* pediu que os pais, em casa, tentassem gravar a fala dos garotos. E foi o que fizeram após inúmeras tentativas inúteis, porque os dois, ao perceberem o gravador, paravam de falar. Mas um dia, ufa! E lá foram correndo levar a gravação para a doutora Sula. A gravação foi ouvida na faculdade onde ela dava aula, e nem a tradução ou mesmo a explicação do modelo da língua descobriram.

As hipóteses do porquê de uma língua inventada foram muitas. Mas nenhuma chegou perto da verdade. Uma delas explicava que o fato de serem gêmeos idênticos e não conhecerem outros como eles fez com que criassem uma língua só deles, já que as outras pessoas eram diferentes umas das outras. Formavam uma unidade. Um podia ver-se no outro, ser o outro, por isso se entendiam (!). Os pais foram orientados a não mais valorizar o fato e a deixar que as coisas corressem normalmente, visto que as crianças estavam bem e pareciam felizes.

O tempo passou. Estavam agora na 3ª série e estudavam em classes separadas, solicitação feita pelos pais que facilitava a vida dos professores na identificação das crianças.

Jean e Marc eram bons alunos. Marc parecia mais criativo, possuía habilidades manuais incríveis e descrevia realidades minuciosamente. Jean, embora também fosse habilidoso, era mais objetivo, ia direto ao ponto, uma clareza de raciocínio invejável.

Quanto à língua inventada, havia muito os pais não ouviam mais tal tipo de comunicação entre eles. Tinham até perguntado uma vez se eles se lembravam de tal língua... Perceberam que um olhara para o outro de relance e, virando-se para os pais, disseram ao mesmo tempo: "Não!". Embora tivessem deixado de lado o caso, os pais contaram o fato à orientadora da escola.

Mônica, a orientadora, além de jeitosa, era curiosa. Como se tornara muito amiga das duas crianças, um dia, quando estava com os dois para resolver um problema de briga no recreio, começou a falar na língua do "p". As crianças estranharam. Consideraram-na um tanto maluquinha e esperaram que ela voltasse ao normal para discutirem o problema da briga. Mônica discutiu a briga com eles e depois de tudo resolvido perguntou-lhes se entendiam a língua do "p". Os meninos responderam que sim, todos conheciam a língua do "p": *pv po pc pê...*

— Eu gostaria tanto de inventar uma língua nova... — suspirou fundo Mônica.

— Por quê? — indagou Marc.

— Pra ter um segredo só meu!

— Nós temos uma língua — acrescentou Jean, sorrindo.

— É! E como é?

— Preciso de lápis e papel pra mostrar.

Mônica deu rapidinho o seu caderno de anotações e um lápis. Jean escreveu e depois leu. Assim se escreve. Assim se lê.

Marc, até então silencioso, falou:

— Mônica, essa língua é nossa. Você não pode copiar nem contar a ninguém. É agora um segredo nosso. Certo?

— Certo! Fique tranqüilo, Marc. Quando eu inventar uma língua só minha, também vou contar a vocês.

Assim, Mônica descobriu como era a língua dos gêmeos. E só contou a mim. E a vocês também, *oralc? OÃN OSSOP RAUNITNOC A AIRÒTSIH EUQROP O OHLEPSE É MU OTNEMURTSNI ED OÃÇANIMULI.*

✳

Há mais mistérios entre o céu e a terra do que sonha uma bem-intencionada educadora

*

— Na nescau árvore do armário foi bacia da balança?

— Com! Vitória cal? Cal na nescau caixa porta!

— Ahn!!!

Será que eu estou ficando louca? Tenho vontade de pedir a essa mãe, sentada à minha frente, olhando calmamente para os dois filhos que travavam esse diálogo (se é que posso chamar assim), que me belisque para ver se não estou sonhando. É, eu preciso reagir, não posso ficar feito pateta (apesar de ser patético), assistindo simplesmente a essa cena, sem nada fazer. Afinal, eles estavam ali para uma entrevista comigo. Respirei fundo, como que buscando oxigenar melhor meu cérebro no caso de estar passando por alguma crise de esclerose, e perguntei:

— Dona Irene... é esse seu nome, não?

— É sim, mas sem o dona. Sou Irene, mãe desses dois espécimes raros da raça humana: Bruno e Leandro.

— Perfeitamente. Bruno e Leandro... Acho que vocês estão fazendo alguma brincadeira comigo só que eu não entendi. Não dá para continuar brincando assim, sem entender, não é?

— Não fique aflita Iara — disse dona Irene. — Você pode ficar tranqüila e certa de sua sanidade. O que você acabou de ouvir é simplesmente uma língua especial, criada pelos meninos.

— Peço desculpas mas continuo sem entender.

— Iara — prontamente falou Bruno. — Nós sabemos que é difícil entender mesmo.

E disse isso lançando-me um olhar de profunda compreensão pela minha ignorância.

— Ah! Vocês falam a minha língua?! Formidável! Assim me sinto mais à vontade e talvez possamos até nos entender melhor. Qual dos dois poderá esclarecer essa novidade? E você, Irene, sinta-se à vontade para interromper quando julgar necessário.

Eu me aprumei na cadeira, pois sentia que naquele momento ouviria uma das mais fantásticas histórias que a cabeça (no caso, as cabeças) de uma criança poderia criar. Minha ansiedade era tão grande que eu não conseguia aquietar minhas mãos.

Assim começou meu primeiro contato com Bruno e Leandro, dois lindos meninos de nove anos, gêmeos, certamente muito inteligentes e criativos.

Os meninos e a mãe contaram com bastante naturalidade como tudo começou. Pregar peças em todos foi uma habilidade iniciada quando ainda eram fetos. Apesar dos ultra-sons feitos e de um pré-natal com muitas visitas ao ginecologista, dona Irene só soube que seria mãe de gêmeos na hora do nascimento. Sem dúvida, adoravam surpresas.

Durante o crescimento das crianças várias coisas aconteceram, mostrando que havia uma ligação muito forte entre os dois. O sr. e a sra. Maverick, que sempre passaram a imagem de pessoas incrédulas, que se baseavam apenas em fatos científicos para formar suas conclusões, não resistiram à pressão dos fatos dentro da própria casa: passaram a ler livros esotéricos e a assistir palestras com paranormais e de repente viram-se quase como dois cientistas malucos (ela física-nuclear e ele Ph.D. em matemática), acreditando em coisas que até Deus duvida.

Contaram-me que um dia Leandro estava com febre alta e, para facilitar, a mãe foi com os dois ao pediatra. Bruno ficou na sala de espera com a avó e Irene entrou com Leandro no consultório. No exato momento em que o doutor Luís aplicava uma injeção intramuscular em Leandro, Bruno, na outra sala, deu um pulo no carrinho e um estridente grito de dor. Em outra ocasião, Bruno estava sentado no chão, próximo ao aparador da sala de jantar, quando de repente Leandro foi correndo até ele com verdadeiro terror no olhar. Pegou o irmão pelos cabelos e arrastou-o rapidamente para o outro canto da sala. Nesse momento, o vento levantou a cortina e esta bateu num pesado vaso de cristal que se espedaçou no lugar em que Bruno brincava instantes atrás.

Desde o início da fala, os meninos eram especiais em sua linguagem. Nada era codificado como o convencional — aua não era água; dadá não era dar. Eles foram crescendo, o vocabulário foi ficando mais rico, porém igualmente diferente. O mais interessante foi que eles passaram a falar com os demais na linguagem convencional e, entre eles, numa linguagem particular e até hoje faziam isso com a maior tranqüilidade. Tinham um código que os protegia pois, "como ninguém entendia, nós estávamos sempre salvos", disseram eles.

Estudaram na mesma escola desde os dois anos e agora, indo para a 4ª série, precisavam mudar de escola, pois a família Maverick havia comprado uma casa nova, próxima à nossa escola.

Eu estava pasma com o relato que acabara de ouvir. Pasma e curiosa. E, como curiosidade mata, perguntei aos dois:

— O que vocês falavam quando eu me sentei aqui, no começo da nossa entrevista? Vocês podem me dizer ou é secreto?

Leandro pousou seu olhar matreiro nos meus olhos e disse:

— Bruno observou que você tinha um brilho diferente nos olhos e perguntou se eu havia percebido.

— E Leandro me respondeu que sim — disse Bruno — falou também que é porque você está grávida.

Deus! Como eles podem saber?! Hoje pela manhã meu ginecologista confirmou. Estou grávida de dois meses!

✸

TAINÁ 1

✳

Quanta sabedoria guardava aquele olhar! Demonstrava a silenciosa paciência do sábio, que vê, ouve... mas cala. Existia sabedoria, mas ao mesmo tempo via-se medo. Estranha imagem, pois o medo não habita o mesmo espaço da Sabedoria — são incompatíveis! Então o que fazia, por vezes, aquele olhar perder o brilho, ficar inquieto e alerta, como que se preparando para esgueirar-se do perigo real?

Não sei, e essa ignorância me incomodava, pois sentia que precisava proteger aquele Ser de corpinho frágil, olhar sábio e coração tão carente.

Tainá era uma menina dócil, magrinha, cabelos castanhos bem lisos, cortados à altura dos ombros. Estava com quatro anos — dado de seu registro de nascimento — ou algumas centenas — dado de minha limitada observação. Sua voz era um sussurro, sua rara risada, uma melodia e seu olhar, um enigma. Que segredos guardaria?

A mãe de Tainá contou-me que, quando bebê, muito adulto não conseguia sustentar o olhar da criança. Tainá parecia transpassar as pessoas com o olhar e isso as encabulava, fazendo com que imediatamente baixassem os olhos. Vergonha? Medo de ser lido? A mãe não sabia explicar bem. Mas que era um olhar de longos, longos anos no tempo, nisso ela concordava comigo.

Não entendo muito de almas. Mas acredito na possibilidade de elas fazerem a diferença entre as pessoas.

Quando vi Tainá pela primeira vez, percebi o seu olhar de *sapientia* e de certo estremecimento difuso em alguns momentos. Nós nos gostamos *de cara*. Mas por que eu entendia e não entendia aquele olhar? Era intrigante.

Outro dia tive um sonho. Caminhava pelas margens de um rio de águas verdes, calmas. Aos poucos o terreno foi-se tornando mais árido, com pedras grandes; depois, cheguei como que num vale e havia uma cachoeira. Não era muita barulhenta nem muito alta. Mas havia névoa formada pela água em percurso. Numa pedra bem próxima da queda d'água estava um velho (?), encapuzado, com roupas nas cores verde e cinza. Cheguei perto, ele se levantou. Vi a barba branca, os cabelos, o sorriso nos lábios. Olhou-me. O verde dos olhos penetrou-me, um brilho, uma cor de beleza, de paz, de tanta compreensão. Conversamos. Palavras não eram necessárias. Ele me disse que eu saberia um dia, que não precisava me preocupar. Ele se foi num raio de luz e eu acordei.

Hoje, escrevendo o meu sonho, deu um *clic* e tive certeza de que o olhar do encapuzado tinha tudo do olhar de Tainá. Resta saber quando nos reencontraremos para que eu possa perguntar da veracidade de coisas loucas que me passam na cabeça: Tainá teria sido meu avô em outros tempos? Meu avô foi mesmo um ser de outro planeta como imaginei na minha infância? Quantos *eus* tive? Etc.

Pensando bem, acho melhor esperar Tainá morrer e perguntar a ela. Agora, vou para a conferência de querubins, pois me disseram que os físicos do mundo desistiram de inventar mensagens quânticas e vão passar para uma nova etapa da evolução.

Depois eu volto.

TAINÁ 2

✴

Era entardecer. Do alto, ainda não o topo, olhava. Um olhar que insistia em perder-se no fundo do fundo (tem fundo?). Era necessário segurar o coração. Ou melhor, não era. A estupefação era tanta que ele, por si, batia devagar e muito baixo para não atrapalhar. Nada, nada poderia atrapalhar aquele momento. Muita folhagem, muitos troncos de variados volumes, as copas altíssimas. Entre uma e outra árvore uma zona luminosa de névoa penetrada pelos raios do Sol (indiretos?). A luz de uma ligava-se à luz da outra e da outra e da outra... E era lilás. Às vezes mais para o roxo. Outras mais para o rosa. O azul índigo vinha do fundo do fundo. A cor, a luz, a sombra. De repente, senti-me junto.

Eu e a natureza, uma compondo a outra. Meu biorritmo era ora do vento ora da folhagem; ora da terra, ora do tronco. Que momento singular! Como explicá-lo? Só vivê-lo era possível. Nesse momento lembrei-me novamente dela — Tainá. A menina de olhar sábio. Mais um enigma que passou em minha vida.

Penso que a lembrança veio pela sensação de sentir-me junto, o dentro do dentro — uma tão inexplicável quanto a outra. Os segredos da natureza... os segredos de Tainá.

Não conseguiria falar sobre os segredos dela, só do que percebo deles. Ambas — Tainá e Natureza — têm o cheiro forte da *força*, o brilho da *luz,* o movimento das *águas* e o som do *silêncio.* Convivem com o encanto e o desencanto, amor e ódio. O mesmo que acolhe também repele. Aquele que canta em trovas também nega. Tainá, em seus quatro anos de vida, trazia tudo isso em sua história. Nascera e estava crescendo envolta nessa dualidade, assim como a Terra. Um homem e uma mulher, com cheiro forte de cio, fizeram-na e chamaram o momento de *Amor!* Um dia, essa mesma mulher — fêmea — e esse homem — macho (ou seria ao contrário?) resolveram seguir caminhos opostos e chamaram o momento de *Desamor.* Tainá? Ela ficou esquecida entre óvulos, espermas, tapas, beijos, fugas e procuras. Ela buscava acompanhar a loucura do macho pai e da fêmea mãe, tentando de alguma forma proteger a própria loucura.

Entender? Não, não entendia. Ia como os loucos atrás do cheiro da vida. Quando o encontrava, procurava aspirá-lo, reenergizando-se para conseguir seguir em frente. Qual seu segredo? Provavelmente a natureza, pois vivendo este momento simbiótico diante desta paisagem sinto que somente ela pode fornecer prana — a energia cósmica — que nos dá a capacidade de, apesar de tudo, encontrarmos a paz, transformarmos nosso choro em riso e ele em canção e a dor em aprendizagem, construirmos *Vida.*

Isso me faz lembrar aquele dia em que o olhar de Tainá estava especialmente triste, mas inquieto e enigmático. De tal forma ele me atraiu que ousei tentar descobrir a causa.

— Tainá, por que você não vai brincar com seus amigos?

— Meus olhos vão lá de vez em quando brincar com eles.

— Ah! Mas e o resto do seu corpo? Suas pernas, seus braços, suas mãos, seu nariz, seu bumbum... Eles não querem ir brincar também?

— Eles querem, mas não podem.

— Não podem ou você não quer deixá-los ir?

— Eu deixo, mas o bumbum não pode ir e se as pernas forem brincar elas levam ele junto e isso não pode. A Sandra não quer.

— A Sandra não quer? Sandra... a mulher do papai? Por quê?

— Ela disse que meu bumbum é sujo. Ele suja a minha calcinha porque eu não sei limpar. Ela disse que meu bumbum é feio e que sou feia e suja. Ela vestiu o meu bumbum com Modess. Assim fica mais fácil lavar minha calcinha.

— Com Modess? Céus! E é por isso que você não vai brincar?

— É. O Modess machuca meu bumbum e a Sandra machuca o meu coração. Mas eu vou crescer, vou saber limpar o bumbum. Aí tiro o Modess e todo o meu corpo irá voando brincar.

E Tainá pousou em minha face aquele olhar de profunda sabedoria e silenciosa paciência que só os verdadeiros sábios possuem.

Numa bandeja de prata...

*

Grandes, fortes, belos. Olheiras constantes. Muito sono na primeira aula. Às vezes, após o recreio, olhos avermelhados, vagos, vendo outras plagas além da sala de aula. Se o assunto era redação, quanto mais fantástico o tema, melhor! Era possível viajar também escrevendo. Os professores desconfiavam do grupo. Como a escola não tinha bedel, ficava difícil saber onde estavam nos dias em que não jogavam na quadra. O espaço da escola era amplo, muitas árvores, vários cantinhos, becos perfeitos para brincar de esconderijo ou de cabana na floresta. Mas eles, o grupo dos grandes, fortes, belos, não estavam no tempo de cabaninhas ou casinhas de Tarzan. Era para eles outro tempo. Herdeiros do movimento *hippie*, quem sabe! Cigarro, sabia-se que fumavam. Outras coisas, não havia provas. Apenas desconfiança. Liberdade, independência, eles prezavam. Achavam que para namorar na escola não havia necessidade de regras. O negócio era fazer o que dava vontade. O tempo da ditadura já não era, o tempo era de anistiar. Filhos de pais bem de vida, alguns deles da área da arquitetura *nouveau*, artistas, fazendeiros, viajantes do mundo. Alunos medianos, alguns só passavam graças à recuperação.

Naquele ano de 1987, do grupo dos cinco, alguns reprovariam, com certeza. Faltavam, não estudavam, boletim ruim. Um ou outro conseguia equilibrar-se, mas a corda parecia não ajudar muito. Bambeava.

Os educadores, preocupados, armaram um esquema para ir fundo no caso. E os possíveis pontos onde se podiam esconder foram vigiados. Dez dias se passaram e só na terceira semana foram pegos com a *boca na botija*. A droga fora confiscada e os cinco entraram para uma reunião com a direção e os orientadores. Quem começou foi o professor Rui, o diretor:

— Muito bem. Gostaríamos de ouvi-los.

— Nós temos o direito de ficar calados e o senhor poderá tratar diretamente com nossos advogados! — falou João Ramon, em nome do grupo.

— O quê? Você está pensando que isso aqui é delegacia de polícia? Se você não sabe, você se encontra em uma escola! Vocês são alunos. Nós, seus educadores. Responsáveis pelo trabalho que aqui se desenvolve e por tudo o que aqui ocorrer. Polícia é o que não somos! Mas, se vocês quiserem, chamamos já seus responsáveis aqui e vocês vão terminar o 3º colegial na Febem ou em qualquer outro colégio que desejarem.

— Calma, senhor diretor, calma! O João foi infeliz na colocação — explicou Antônio Carlos. — Vocês sempre trataram com respeito e consideração os alunos. Eu espero que continuem assim, não é mesmo, turma?

É lógico. Peço desculpas — acrescentou João.

— Está bem. Eu volto à minha colocação primeira. Gostaria de ouvi-los acerca do fato: vocês foram encontrados na escola portando e usando drogas.

— Calma, senhor Rui, foi só marijuana. Nada pesado...

— Só! É muita cara-de-pau, rapaz — falou irônico o diretor.

— Bem, não devíamos fumar essa coisa aqui, na escola.

— Quer dizer que, fora daqui, tudo bem?! — comentou o senhor Rui. — Vocês sabem o que faz a maconha?

— Claro! Pra mim não faz nada — falou Maurício. Fico alegrinho e pronto. Como se tivesse tomado cerveja...

Após a fala de Maurício, fez-se grande silêncio na sala. Marli, a orientadora, com a voz calma de sempre, pediu que todos se colocassem, atendendo ao pedido do diretor. Então, Claudio resolveu falar.

— Eu não tenho muito que dizer. Também acho que não devia *puxar* aqui na escola. Quanto ao fato de eu fumar, o problema é meu.

— E de seus pais também — acrescentou Marli.

— Não, de meus pais certamente não. Gostaria de saber o que vocês vão fazer com a gente...

— Por ora, queremos conversar, entender — falou o diretor.— Vocês imaginam o tipo de exemplo que estão dando aos alunos de séries menores?

— Mas eles não sabem! — falou João, imponente.

— Quem disse que não! Alunos menores queriam brincar no espaço que vocês estavam usando e comentaram que os alunos grandes se escondiam pra fumar em conjunto... Que lhes parece? — perguntou Marli.

— Bem que eu disse que era fria a gente ficar usando aqui na escola. Tá certo! Não temos sido bons exemplos. Não faremos mais isso aqui — falou Pedro, até então mudo.

— É isso aí! — acrescentou Antônio Carlos.

— É. Não queremos o exemplo de vocês aqui, mesmo porque não concordamos com o consumo da maconha. As pessoas devem ser o que são, por elas mesmas, livres, sem necessidade da droga para serem valentes, audaciosas, alegres etc. Além do mais, a maconha abre portas para outras drogas e a pessoa pode ficar enrolada pro resto da vida ou até morrer.

Após dizer poucas e boas, o diretor perguntou se alguém tinha algo mais a declarar. E João se manifestou:

— Eu uso porque fico mais criativo, posso imaginar melhor o que vou escrever nas redações, torno-me original e é legal.

— Não tem nenhum valor quem necessita da embriaguez da bebida ou da droga para se expressar. A grande aventura é conseguir escrever belos poemas, textos incríveis, compor músicas por si mesmo, sem química! — acrescentou o professor Rui.

— É verdade — comentou Simone, até então calada. (Ela era a orientadora do 1º grau.) — Quem usa drogas em geral começa, inconseqüentemente, ou numa festa, ou porque o bonitão do pedaço usa. Acredita que para ser livre, independente, precisa envolver-se com o proibido, fazer enfrentamentos. O que ocorre, na verdade, é o inverso. Quem se droga perde a liberdade. Fica à mercê dos efeitos que ela produz, e as conseqüências podem ser de ordens diversas: problemas de saúde, conflitos com a família, isolamento ou mesmo marginalização. E o que mais preocupa é que vocês, nessa idade, estão-se desenvolvendo fisicamente ainda, e a personalidade, o eu, está-se fortalecendo como caracterizador do ser humano que somos. Conseguem perceber nossas inquietações? Acredito que as famílias de vocês também se preocupem.

— Sem dúvida, dona Simone — fala Claudio. Tudo o que a senhora está falando nós sabemos. Somos suficientemente espertos para não deixar a droga nos dominar. Nós sabemos das coisas. Quanto à preocupação das famílias, posso falar da minha. Mas quero saber o que vocês vão fazer conosco!

— É a segunda vez que você fala algo de sua família — comentou Marli. — Pode ser mais claro nessa história de sua família?

— Nas festas, em minha casa, meus pais servem cocaína numa bandeja de prata...

(Claudio morreu num acidente de carro em 1989; estava totalmente drogado. Antônio Carlos fez Direito, está casado e tem uma filhinha linda. Pedro passou oito meses preso, pois foi pego portando droga em 1988; Maurício foi para os Estados Unidos e João é um grande médico.)

(Numa escola, há momentos em que nos sentimos menores do que um ínfimo grão de areia e outros em que somos deuses. Entre deuses e insignificâncias, nós, educadores, prosseguimos, acreditando colaborar mais com a construção positiva. Por isso, ainda existimos.)

Podres poderes

✳

Era sexta-feira. E, como em todas as sextas-feiras, aqueles quatro casais se encontravam para um programa: cinema, teatro, *show*, um carteado na casa de alguns deles ou um barzinho onde bebericavam e conversavam.

Os temas dessas conversas eram bem variados e de certo muito ricos culturalmente. Quando a noite terminava, todos sentiam que o encontro havia acrescentado algo a cada um deles. Era um grupo heterogêneo em suas atividades — músico, engenheiro, professor, psicólogo, médico, assistente social e administrador —, mas bastante homogêneo no que se refere à necessidade de cultura, informação e atenção aos problemas sociais.

Naquela noite de julho, estava muito frio e Ana propôs que fossem todos à casa dela. O convite foi bem-aceito e festejado, pois Regina prepararia seu já famoso e delicioso vinho quente. Montaram uma mesa de patês e queijos. Conversavam animadamente, colocando em dia as novidades da semana, quando Rubens, como bom psicólogo, observou certa tristeza e desânimo em Beth.

— Minha amiga, que bicho te mordeu?!

— É mesmo, Rubens. Bem observado. Desde que chegamos estamos sentindo você quieta, cabisbaixa, desanimada. Você quer falar sobre o que está acontecendo? Podemos ajudar de alguma forma? — perguntou Regina.

— É gente, acabei de entrar em férias e não consigo me desligar dos problemas da escola — explicou Beth num desabafo.

— Se você colocá-los para fora, talvez consiga relaxar. Que tal? E Beth contou.

Trabalhava em uma escola da periferia na zona sul e estava enfrentando sérios problemas com alunos viciados. Tentava de todas as formas ajudá-los. Procurava orientações com especialistas, entidades de ajuda, mas não estava conseguindo sequer diminuir a incidência dos casos. Não sabia mais que caminho seguir. Os traficantes eram em grande número na região e com muito poder. Eles ganhavam o silêncio de todos, ajudando a comunidade tão necessitada de várias maneiras: distribuíam cobertores e cestas básicas, doavam madeira, tijolos, cimento, e conseguiam melhorias para as favelas. Pagavam um respeitável porcentual sobre a venda, e com isso garantiam uma legião de crianças e adolescentes dispostos a passar a droga. A luta de Beth parecia em vão e, nesse momento, a professora não conseguia vislumbrar nenhuma saída, pois a cada dia descobria um novo usuário em sua escola.

— Beth, é doloroso. Como mãe e professora posso avaliar o que você está sentindo — comentou Eudócia, apoiando a amiga.

— Não, Eudócia, você não pode saber o que estou sentindo. Você é professora, mas sua clientela é classe A. A família mais pobre da sua escola mora em palacete, viaja para o exterior no mínimo duas vezes por ano, tem vários carros. Seus alunos não precisam levar dinheiro para casa, mesmo que seja proveniente da droga. Não cheiram cola para matar a fome ou simplesmente o medo de matar. As famílias de seus alunos dão prêmios aos filhos porque fazem dezoito anos, porque se saíram bem como atletas, tiraram boas notas ou entraram em uma faculdade. Para os alunos de minha escola, sobram espancamentos quando não levam a *grana* para casa. São molestados sexualmente quando o companheiro da mãe (e muitas vezes o próprio pai) chega bêbado, elogiados pela esperteza de se safar da polícia no trabalho com o tráfico, e *temidos* pelo número de *presuntos* que já produziram. Os que conseguem se safar dessa vida vivem com o terror estampado no rosto. Parece mais um filme de ficção. Veja o absurdo: estamos falando do mesmo país, do mesmo município. As diferenças sociais são tantas que quem não passa pela experiência de conviver com essa classe social tão desprotegida não consegue imaginar como é a realidade deles.

Cândido, o médico, que até então apenas ouvia, dobrou o guardanapo que trazia nas mãos, deu um profundo suspiro e disse:

— Beth, tudo o que você disse é realidade. Porém essa tristeza toda não é privilégio da massa carente, economicamente falando. A classe alta também tem seus podres. Só consegue ficar menos exposta. Como médico já conhecido e professor de Medicina, vivencio situações tanto com os carentes quanto com as elites. Vejo corrupção, crime, subvida moral e desamor em ambas. Se eu não acreditar que há possibilidade de mudanças, se não confiar que o constante trabalho com esses aspectos transmuta essa situação, enfim, se não tiver esperanças em dias melhores para as duas classes, terei de plagiar Vinícius de Morais dizendo que passei pela vida e não vivi.

É, Beth, por isso eu disse que podia calcular seu sofrimento — continuou Eudócia. — Vou contar uma história vivida por mim, com os *privilegiados* que você descreveu. Você conhece a procedência de meus alunos: filhos de desembargadores, cônsules, políticos, diplomatas, grandes empresários, intelectuais, artistas... Sobrenomes que aparecem nas listas dos mais ricos e influentes do Brasil. No entanto, vivo no momento uma situação tão conflitante quanto a sua. Na semana passada, flagramos um grupo de alunos do 3º colegial puxando fumo no bosque da escola. Pois bem, seguindo a conduta educacional do colégio, reunimos todos na sala da direção.

Além dos alunos envolvidos, lá estavam a diretora, o professor de Ciências que é o orientador do grupo, e eu. Margô, na qualidade de diretora, iniciou a conversa com os jovens. Era inútil falar sobre os efeitos negativos da droga pois, além de eles terem fácil acesso à literatura especializada, assistem freqüentemente, na escola, a palestras sobre o tema. Não adiantava abordar o aspecto econômico, pois o dinheiro que gastam com a droga não faz diferença no orçamento de nenhum deles, tal é o valor da mesada que recebem. Margô, então, tentou ser o mais objetiva possível, dizendo que eles haviam infringido uma regra e estavam colocando em risco a saúde deles e a imagem educacional da escola. Diante disso, ela e a equipe não assumiriam a responsabilidade sozinhas, sendo necessário comunicar o fato aos pais deles. Assim sendo, chamaria seus responsáveis naquele momento e sentariam juntos para conversar, tentando encontrar um caminho para ajudá-los.

— Aí está uma das diferenças básicas, Eudócia. Alguns dos meus alunos nem responsáveis por eles têm. E os que têm, seus responsáveis são mais irresponsáveis que eles.

— Sim, Beth. Aguarde o final da história e aí você me dirá se há mesmo tanta diferença assim. Quando Margô acabou de falar, ouviu algumas argumentações dos alunos, de *tirar o tapete de debaixo de seus pés*. Charles disse que seu pai tinha conhecimento de que usava a erva, mas não falava nada. Miguel contou que puxava fumo à beira da piscina de sua casa. Fred demonstrou certo receio de qual seria a reação do pai, mas aconselhou a diretora a chamar apenas o pai, pois a mãe àquela hora (11h15) já não estaria mais sóbria.

— Eles não estariam tentando impedir a presença dos pais, escandalizando a equipe em relação aos pais? — perguntou Regina.

— É, Regina, nós também nos perguntávamos exatamente isso enquanto ouvíamos e, mais ainda, depois do que o outro garoto, o Thomás, falou. Ele olhou bem nos olhos da diretora e disse: "Margô, o que você dirá aos meus pais que possa preocupá-los ou chocá-los? Que tipo de atitude eles poderão ter diante de uma simples *puxada de fumo* se ontem mesmo, na recepção que eles ofereceram à beira da piscina de nossa casa, serviram cocaína em bandeja de prata a seus convivas?".

— Você está brincando, Eudócia! Você acha mesmo que isso é verdade? Isso é fantasia de adolescente rico, querendo escapar de uma bronca do papai — comentou Beth surpresa.

Rubens deu um sorriso triste e disse:

— Não é fantasia, não, Beth. A Eudócia chorou uma noite intei-ra no meu ombro, pois não sabia o que fazer com os meninos, já que a idéia é trabalhar o problema com eles e não marginalizá-los com uma simples expulsão. Eles chamaram os pais de todos para uma en-trevista, não sem antes impor a condição do comparecimento, sem o qual o aluno não entraria na escola.

— Gente! Eu não sou professora nem mãe. Trabalho com a tal da área fria, como chamam a coitadinha da Exata. Mas estou aflita, pois afinal sou gente, né? E aí? Vocês tiraram a limpo a história do Tho-más? — perguntou ansiosa Eliane.

— Sim. Os pais usaram cores mais leves para descrever o fato, mas confirmaram a história do filho.

— E agora, Beth? — perguntou o médico. Onde está a grande di-ferença? Um está nessa porque é miserável, o outro, por ser abastado. Como ficamos?

Beth não respondeu. Afinal não cabia uma simples resposta no momento.

Acabaram mudando o tema da conversa, e Beth (já mais anima-da) e Eudócia esqueceram-se por momentos de drogas, traficantes, usuários, elites, marginais e poder.

Numa coincidência, houve um instante em que ambas, ao mesmo tempo, como um espelho, levaram o copo à boca e sorveram com prazer o vinho tinto.

Pareceu-lhes que a cena congelou. Só ficou a imagem dos cigar-ros em seus dedos, dos copos em suas mãos e do vinho em seus lábios.

Uma olhou para a outra e se perguntou:

— Meu Deus, chegará o momento em que qualquer droga será usada tão socialmente quanto esta, ou já está acontecendo isso e nós nem sequer nos demos conta?

✳

Iracy

ESCREVENDO

✳

*Entendo que cada um de nós é, acima de tudo, filho das nossas obras, daquilo que vai fazendo durante o tempo que cá anda.**

Tenho andado pouco diante de ti, senhor Saramago, mas nesse meu tempo tenho visto desintegração, tanta mágoa, perdas de conquistas já realizadas, retrocessos. E, como boa sonhadora que sou, também me perguntei das minhas obras, do meu tempo. Todos dizem que tempo é uma questão de prioridade... Em todo o caso, nem sempre a nossa prioridade bate com a dos outros. E aí temos de ceder.

Deixando devaneios de lado (mas importantes são os devaneios...), posso considerar que os desequilíbrios que percebo tornaram-se lugar-comum e, como todos, transito por esse universo. Ao mesmo tempo que nos podemos isolar — tudo pode ser via *net* —, o que gera *saúde* é compartilhar, cooperar, envolver-se. Integrar o que foi compartimentado, praticar um pouco a arte do perdão, afinal não somos tão perfeitos assim! Recuperar nossa história pessoal para, em seguida, soltar nossas asas para o infinito do que poderemos deixar, ou já estamos deixando nesse instante no infinito que passou... Não sou

---

* Saramago, José. *A bagagem do viajante.* São Paulo: Companhia das Letras, 1996.

contra as *nets* nem nenhuma outra tecnologia. Sou a favor do homem feliz, solidário e lutador que consegue unir cabeça e coração e projetar um mundo mais humano, usando melhor as *nets*.

Escrever é um jeito de compartilhar. *Com*-paixão escrevi minhas histórias. *Com*-paixão Alba escreveu as dela.

Com-emoção escrevemos juntas um pouco da comoção dos casos de nós todos e descobrimos regiões insondáveis do nosso ser. Por lá andamos e cá estamos. Pareceu-nos que haveria um momento de dividir ou mesmo deixar para o mundo nosso mais jovem filho. É minha esperança que ele seja compreendido no tempo que andar.

✳

Com "s" ou com "x"

✳

A loirinha tinha seis anos e se chamava Penélope. A ruiva, Nina, ainda não chegara aos seis, mas faltava pouco. As duas estudavam na mesma classe, a classe azul da alfabetização. Naquela escola classes não eram A, B ou C. Eram verdes, amarelas, azuis, bem-te-vi, canário... Bem, a tarefa de Nina e Penélope, naquele dia, era escrever uma história. Aula de *produção de texto* como falava a professora Bia. "*Vocêis* vão fazer um texto, inventado da cabecinha de *vocêis*. Ontem, na biblioteca, vimos muitos livros de histórias. Tenho certeza de que *vocêis* também podem escrever histórias em duplas. Hoje é dia de produção de texto!"

Nina e Penélope resolveram inventar um livro de histórias de fadas. As fadas tinham nomes complicados e poderes simples: faziam aparecer hambúrgueres e sorvetes quando qualquer criança quisesse, entre outras coisas. Em determinado momento da história, duas fadas amigas deveriam visitar um castelo. Aí, bem, aí ocorreu o problema:

— Nina, pode apagar. Castelo é com *x*.

— Castelo com *x*!! Nunquinha!

— Como não!? A Bia falou *caxtelo*.

— Bobinha. A Bia fala *caxtelo* porque ela é carioca e os cariocas falam e escrevem assim, com *x*. Nós, como somos de São Paulo, temos de escrever na nossa língua. Com *s*. *Castelo*, certo?

— É mesmo.

As escolas de São Paulo são mesmo cosmopolitas. Professores cariocas, nordestinos, barrigas-verdes, mineiros... uma variedade inigualável. Todos falam o *pedagogês*, mas com seus sotaques.

Fico pensando nas crianças depois que crescem. Será que guardam na lembrança a singeleza de momentos como o do *castelo-caxtelo*? Simplicidade, sinceridade, compreensão primeira da realidade. Deduções lógicas para a lógica da idade.

Hoje, quando o mundo é o que conta — já que estamos nascendo para uma civilização global —, pergunto-me: não seria justo que as crianças fossem alfabetizadas por professores coreanos, tailandeses, tibetanos, árabes, mexicanos, brasileiros?

Já pensou? Além de escrever em *carioca* e *paulistano*, nossas crianças aprenderiam um pouco de inglês, francês, russo, japonês, espanhol e quiçá de português!

Eu sei o que você vai dizer

✳

Sempre que me defronto com a arte, pergunto o que quer me dizer, qual a magia que dela emana, por que me emociona tanto, levando-me tão longe de mim.

Muito já se falou e escreveu sobre o assunto. Lembro-me de Bronowski,* em especial quando trata da arte rupestre. Escreveu que tal arte nos permite inferir que o homem possuía algum poder, o poder da antecipação que nada mais é que a imaginação do futuro. Um caçador poderia, ao contemplar as pinturas nas paredes das cavernas, familiarizar-se com os perigos da caça e antecipar situações a serem enfrentadas. Uma iniciação? Recriação da vida do caçador?

Para nós, sem dúvida, um portal para a imaginação. Ao olhar uma pintura, nossa mente percebe, infere e faz previsões, levanta hipóteses.

Há pessoas que se tornam uma tela de arte aos nossos olhos. É o que suponho ter acontecido com Iná. E quem viu foi Adriano.

Era março de 1985. As aulas já haviam começado fazia algum tempo. Como ainda havia vaga no jardim II, a classe da Iná, a coordenadora da pré-escola pudera aceitar a solicitação da família Franco. Adriano, um loirinho de cinco anos, começaria na segunda-feira.

---

* Bronowski, J. *A escalada do homem*. Brasília: Universidade de Brasília, 1983.

Avisada, Iná recebeu o novo aluno com atenção, e na sala de aula apresentou-o ao grupo. Em seguida, pediu que a classe se organizasse num círculo e ajudou-os na tarefa. A classe pronta, alunos acomodados, Iná falou:

— Hoje tenho uma notícia importante pra contar a vocês. (Os olhos brilhavam, ela sorria, o tom de voz eufórico.)

— Eu sei o que você vai contar — falou Adriano, com ar maroto.

— Se você sabe, então diz! — acrescentou Iná curiosa.

— Vai ter gêmeos, não é mesmo? Dois meninos.

Iná arregalou os olhos, abriu a boca, mas nenhuma palavra saía. Dos gêmeos, só ela e o marido sabiam, mas que eram meninos... Segundos depois conseguiu recompor-se e continuou a conversa.

— É. Vou ter gêmeos. Como você sabe?

— Eu sei, oras!

Ele sabia. Os olhos azuis sorriam e brilhavam. Danadinho! Tão gordinho. Sardas de tão branco. Só faltavam as asinhas para assemelhar-se a um querubim. Iná sabia que crianças têm ligações com outros mundos. E esse italianinho era demais!

Sentindo-se calma, em paz, Iná contou às crianças de sua alegria. E, ao falar, irradiava. Talvez a alegria de Iná, por estar esperando gêmeos, tenha sido transmitida em ondas: *vou ser mãe de gêmeos, vou realizar um sonho.* E Adriano leu. Por isso, sabia. (Oras!)

Lembro-me outra vez de Bronowski, porque ele vai mais longe com a história da antevisão do futuro. Diz que "uma tela significa alguma coisa aos olhos, apenas na medida em que a mente é capaz de contemplá-la em forma de movimento, uma realidade por inferência, onde a imaginação substitui a sensação". Isso é possível porque é uma habilidade essencialmente humana o vislumbre do futuro.

Podemos antever o futuro, planejar ações que levem a determinado acontecimento, representando-o por meio de imagens que se formam na nossa mente, ou até representando-o num quadro de luz nas paredes de uma caverna, no vídeo de um aparelho de TV, no monitor do nosso computador ou do nosso coração. Imaginar, pintar, projetar, programar, trazer o futuro para o presente. E nesse movimento é possível reconhecer que no processo evolutivo colocam-se num mesmo plano os pintores das cavernas e o nosso Adriano que antecipou a fala da professora Iná.

Um caso de professor

✹

O nome dele era Vicente. Sensível, bonitinho e até certo ponto um pouco ordinário. Para ele, fazer-se de dengoso, charmoso para as mulheres, era fácil. E a atitude educacional? Essa nem se fala. Superaberta, de escola nova, alternativa como costumam dizer. Uma alternativa a mais, uma a menos... Tudo era possível naqueles idos de oitenta.

Um dia as crianças da pré-escola conversavam sobre popôs, bumbuns, nádegas para os mais cultos ou formais, conforme o gosto. Falavam de bumbuns grandes, pequenos, moles, duros e que serviam para se sentar mais confortavelmente e por eles saíam coisas... Uma conversa comprida que enrolava a aula de Educação Física. O Vicente, tão compreensivo, incentivou a criançada e o que era só comprido começou a virar quilométrico. A conversa mole continuou até Vicente sentir-se entediado e resolver levantar-se (estava sentado na roda com as crianças). Botou a mão na cintura, deu um pulinho e convidou os conversadores para a ação: que tal um jogo na quadra? Os que estavam ao lado do mestre logo se levantaram e foi, então, que o inusitado da história aconteceu. Pitoresco? Picaresco? Quiçá os dois.

— Gente, o professor tem uma bundinha arrebitada! gritou Maíra, com voz estridente.

Todos correram para olhar, e o professor viu-se assediado pelas crianças que não se contentavam em olhar. Algumas passavam a mão.

Pedrinho começou a pedir ao Vicente que mostrasse a bundinha arrebitada e de imediato Paul, Thiago, Luciana e amiguinhas faziam coro: "Mostra, mostraa, mostraaa...".

Vicente não titubeou, abaixou o *short* e junto a cueca (afinal, era um professor moderno, aberto, sem vergonha...). As crianças caíram na risada, algumas batiam palmas, outras pediam bis... E outro coro se formou: "O professor ficou pelado, ficou peladoo, peladão!". Tinha criança rolando no chão de tanto rir.

A gritaria das crianças chamara a atenção de todos os que estavam por perto. Também da orientadora que foi verificar o que ocorria. Chegando ao local, deu de cara com a bunda do professor. Parada, boquiaberta, não queria crer no que via. E as crianças riam... O professor, após levantar a cueca e o *short*, virou-se e deu de cara com a orientadora ainda com ar estupefato. Ficou vermelho, azul, roxo e começou a esverdear quando ela falou:

— Professor, depois dê um passadinha em minha sala, por favor!

O que aconteceu depois todos podem imaginar. A conversa não ficou na orientação, foi parar na diretoria. A sorte do Vicente foi grande, pois o diretor entendeu direitinho que ele só queria não deixar os alunos frustrados. Além do mais, para que esconder nosso corpo, todo o mundo tem popô, bumbum...

Na semana seguinte uma mãe procurou a orientação para dizer das fantasias do filho: "Imagine só, ele fica dizendo que o popô do professor Vicente é arrebitado e que todas as crianças viram...".

O que será que a orientadora respondeu a essa mãe?

Não percam o próximo capítulo! A grande questão será: dizer ou não dizer a verdade. Eis!

O PERIQUITO

✸

Era pequenina. Decidida. Falava devagar, às vezes com certo dengo. Professora antiga, o que é diferente de velha. Sua experiência abrangia desde a área de alfabetização até a gramática da 4ª série. Dedicava-se, no momento, a uma 2ª série de trinta crianças alfabetizadas. Para Sue Hellen era motivador tornar aquelas crianças fluentes tanto na leitura como na escrita. Fazê-las dominar as quatro operações, nem se fala. Depois tinha aquela história da prova dos noves...

Deixando de lado os conteúdos conceituais trabalhados com a classe, a própria professora é que me volta à memória. Voz um tanto pastosa, lenta. Ela era lenta. Subia devagar até a sala dos professores na hora do recreio. Quando lá chegava, em geral metade do tempo já se fora. Sentava-se para o café, quase sempre uma fruta ou um sanduíche caseiro. Falava calmamente do que fizera, comentava banalidades como todos. Acabado o recreio, tinha ainda coisas para comer e falar. Quantas vezes chegara atrasada para a aula após o recreio! Mas conseguia botar ordem no pedaço e a aula sempre acontecia.

Um dia Sue faltou. Recebemos o recado de que estava adoentada. No dia seguinte também não veio. No terceiro dia apareceu abatida, sem pintura, lábios caídos, olhar tristonho. Veio justificar-se para mim.

— O Talito morreu. Por isso, precisei faltar.

— Quem?

— Talito, o meu periquito. Era parte da família. Comia na minha mão. Ia à feira no meu ombro e não saía dali por nada. Todos os feirantes brincavam com ele. Você não imagina, toda vez que chego em casa, dou um assovio e todos aparecem: o gato, o meu cachorrinho e especialmente ele, o meu Talito. Agora, ele não virá mais. (Lágrimas escorriam de seu grandes olhos castanhos.)

O que dizer nesse tipo de situação? Ela, sem dúvida, amava o periquito. As lágrimas eram verdadeiras.

— Qual a *causa mortis*? — perguntei um pouco sem jeito.

— O veterinário não soube precisar. Provavelmente coração cansado junto com idade...

Ah! E sua filha, sentiu também a morte do Talito?

— Ela é muito pequena ainda. Só tem três anos. Mas quando me viu chorando chorou também. Logo foi brincar com o Thompson, nosso pequinês mestiço, e esqueceu o Talito. Eu continuo abalada. Passei dois dias muito mal. Paulo, meu marido, queria levar-me ao médico hoje, mas eu não quis. Resolvi voltar para a escola e tentar reagir. Talvez o trabalho me ajude.

— Fez muito bem! Todos estávamos saudosos. As crianças odiaram ter aulas com a auxiliar. O seu retorno será bom pra todos, até para você. Afinal, a vida continua, Hellen. Vamos à luta. Tem gente precisando de você!

— É. Mas o que eu queria mesmo é o meu Talito de volta. Sinto tanta falta...

Tive vontade de dizer que as lojas estavam cheias de periquitos e outros pássaros para serem comprados. Tive vontade de dizer que as ruas estavam repletas de crianças desamadas e abandonadas. Tive vontade... Mas, naquele momento, pareceu-me mais importante acalmar a professora e dar condições para que entrasse em sala para atender a trinta crianças saudosas da mestra querida, pois Sue era amigona das crianças.

— Tenho certeza de que seus alunos lhe proporcionarão muitas alegrias hoje. Vai ser tão gratificante revê-los que o tempo passará sem que você perceba. Vamos lá, companheira?

— É, vamos. Preciso pensar um pouco nas crianças.

Enxugou as lágrimas, dei-lhe um abraço carinhoso e lá se foi Hellen com aquele andar calmo, um pouco de lado... Andar de periquito? Meu Deus! Estaria eu vendo coisas? Lembrei-me do rosto da professora: tinha até um biquinho.

Será que na outra encarnação...

✳

Como um risco branco no céu

✳

Sexta-feira. Mais uma entrevista e a semana estaria encerrada. Ufa! Estava cansada, mas passaria o fim de semana em Campos e, aí, sim! Esqueceria tudo. Precisava descansar a mente. Assim pensava Conceição, organizando o material da próxima entrevista.

Toca o interfone. Era a secretária:

— Conceição, a mãe da Carolina chegou.

— Pode trazer para a minha sala. Estou pronta.

Sim, teria de estar pronta. Aquela entrevista seria difícil. Pais aceitarem tranqüilamente reclamações da escola sobre o filho era coisa rara. Convencê-los de que a criança necessitava de avaliação para possível ajuda terapêutica, pior ainda. A maldita da culpa e o medo de sentir-se avaliado. Bem, vamos enfrentar a situação.

A mãe chegou, acomodou-se após os cumprimentos de praxe. Conceição respirou fundo e começou:

— Carolina tem comentado em casa coisas a respeito da escola?

— Não. Pra ela falar algo é preciso tirar com saca-rolha.

— Como? Se aqui ela não pára de falar um minuto e a professora vive colocando a menina pra fora...

— Não creio! Mas ela está falando mesmo? (A orientadora acena que sim.) Meu Deus, que maravilha! — completa a mãe um tanto eufórica.

POR TRÁS DOS MUROS DA ESCOLA

— Não estou entendendo, minha senhora! Sua filha está-se tornando um grave problema na escola. Além de atrapalhar as aulas, não tem feito lição de casa e tem até tirado algumas notas baixas.

— Mesmo? E a senhora quer que eu faça o quê? (A mãe vibrava de alegria.)

— Esta entrevista é para discutirmos o que fazer com ela. Temos algumas sugestões, já que o que experimentamos até agora não tem funcionado.

— E o que vocês experimentaram? — indagou a mãe, curiosa.

— Os professores conversaram: não adiantou. Eu conversei longamente com ela. Não resolveu. Perdeu vários recreios. Não adiantou. A direção do período conversou com ela, estabeleceu regras, metas. Foi inútil. Por isso mandei chamá-la, dona Marta, pra saber se em casa também é assim que ela age. Imagine, deu pra falar palavrões! Está tudo bem na sua casa? Não está acontecendo nada com vocês?

— Dona Conceição, o meu nome não é Marta. É Márcia. Creio que a senhora se enganou porque Marta e Márcia tem mar. Quanto ao que a senhora diz que minha Carol está fazendo... bem... É fantástico! Carol sempre foi muito fechada e, no ano passado, a outra orientadora, a Augusta, disse que seria bom que ela fizesse atividades tipo dança e teatro, esportes para desenvolver mais o social. Carolzinha está na dança e faz natação, mas, lamento confessar, já passados oito meses, não apresentou a menor modificação. Por isso, tudo o que a senhora coloca parece fantástico! Quanto à minha casa, lá está tudo bem. Ela recebe carinho de mim e de meu marido, é a neta caçula, um tanto mimada; o irmão, bem mais velho também a bajula muito. Estamos até pensando em fazer uma terapia familiar.

— Espere um pouco. O seu nome não é Marta? Aqui na ficha está Marta. E a senhora não é separada do marido?

— Não, nada disso. A ficha está errada.

— Veja: Carolina Vilhenaneio, filha de Marta Cruz Serena e João Antônio Vilhenaneio, separados...

— Pode parar, dona Conceição! A minha Carolina é Lisboa Van Teef, a mãe — eu — Márcia Lisboa Van Teef e o pai — Paul Singer Van Teef —, casados, dois filhos.

— Meu Deus! Falei da Carolina errada!

Conceição perdeu o rebolado. Pediu inúmeras desculpas e solicitou sigilo a respeito das considerações feitas. A mãe disse que estava *tudo bem*, mas parece que achou a Conceição desatenta demais pois, na semana seguinte, ao encontrar a orientadora da pré-escola — pessoa que ela admirava muito e fora ótima não só com a Carol mas também com ela — comentou *in off*: "Álvara, você não imagina, a orientadora de primeira a quarta série cometeu uma gafe daquelas e patati patatá...". Nós, seres humanos, estamos sujeitos a falhas.

O fato de Conceição ter falado, naquele momento, com aquela família só veio à tona porque a mãe da aluna em questão contou a outra pessoa do colégio. Enganar-se de orientando é falha grave. Depõe contra a equipe da escola e contra o trabalho dos orientadores em geral. E se, em seguida, o mesmo orientador cometer outra falha qualquer aí a coisa piora mesmo. Porque, estejam certos, o primeiro erro vem à tona também.

— É. Ela fez isso.

— Não é de admirar! Já fez tal coisa antes, você sabia?

Crucificação. Se o caso não for resolvido logo e a fofoca não parar, o que vai acontecer, sem dúvida, será a crucificação. Ainda bem que existem pessoas que conseguem perceber a dimensão que um fato poderá tomar e são aptos para diluí-lo como fumaça do avião que mesmo num céu, escandalosamente azul, é capaz de, devagarinho, extinguir-se.

Rotina

✳

O barulho era tanto que resolvi descer a rampa de minha sala e verificar. Eu estava certa: a gritaria vinha do jardim II.

Ao abrir a porta da sala, deparei com a seguinte cena: a professora sobre a mesa do professor, algumas meninas em pé sobre cadeiras e a maioria correndo de um lado para outro. A professora apontava com o dedo e dizia:

— Para lá, vejam, foi para o lado esquerdo!

Aproximei-me. A professora, ao ver-me, suplicou:

— Pelo amor de Deus, Tera, ajude as crianças a matar a barata!

Entendi. A professora tinha medo de *catefos*. Quando me aproximei das crianças que corriam atrás da dita *cucaracha*, Paulinho conseguira dar-lhe um senhor pisão e um líquido leitoso espalhara-se pelos arredores. Ele gritava:

— Matei! Matei! Venha ver, Claudia! Agora ela está mortinha, mortinha. Não vai voar mais!

E todos se aglomeraram no local para ver o inseto estraçalhado. Falavam, riam, faziam cara de nojo, tudo ao mesmo tempo.

Olhei para a professora. A cor rosada começava a voltar-lhe nas bochechas gordinhas. Sentou-se na mesa, aliviada. Olhando-me diretamente nos olhos, falou com certo pesar:

— Vai ver que esqueceram de dedetizar a minha classe.

— Não, não esqueceram — argumentei. — Sua sala fica muito próxima dos bueiros de água de chuva. Deve ter vindo de lá a sua visitante. Agora é melhor retomar o trabalho. No recreio, trocaremos algumas idéias.

Pedi a uma criança que pegasse a vassoura e varresse a falecida para fora da classe e retirei-me.

No caminho de volta para minha sala, encontrei Valdir, o auxiliar de disciplina, todo afobado:

— Dona Tera, venha até o ambulatório. O Fábio rachou a cabeça de novo.

— De novo? Não tinha outro lugar pra machucar?

— Parece que agora a coisa é pior do que da outra vez.

Lá fui eu ver o garoto. A professora Regina estava com ele, limpando o sangue que não escorria. Jorrava. Corte na cabeça é sempre assim. Sai muito sangue e às vezes não é nada. Mexi nos cabelos do garoto, peguei algodão com água e substituí a professora na limpeza do ferimento. Percebi que ali seriam necessários alguns pontinhos. Fábio berrava com razão. Pedi a Valdir que chamasse o motorista enquanto a professora foi pegar sua bolsa e a ficha médica do garoto que estava no meu arquivo. Fábio seria acompanhado por Regina até a clínica Santa Isabelita, a do convênio. Eu ficaria para contatar os pais, que provavelmente pegariam o garoto na clínica, como das outras vezes.

Tudo encaminhado, resolvi passar pela copa para tomar um cafezinho. Faltava muito para o recreio e eu bem que merecia um. Na copa, dou de cara com quem? Ela estava no maior papo com o auxiliar do laboratório. Também o que é que poderia haver de mal nisso! Horário de trabalho: auxiliar de ensino papeando com auxiliar de lab... Perguntei:

— Hora de recreio? (Senti-me prazerosamente o fradinho do Henfil.)

Os dois ficaram sem graça, levantaram-se das cadeiras onde se encontravam refestelados e saíram rapidinho.

POR TRÁS DOS MUROS DA ESCOLA

Olhei para a copeira (alcoviteira?), a Dinorá, que logo foi explicando:

— Eles chegaram agora mesmo...

— Sei.

Servi-me de café e pensei com meus botões: se eu posso vir tomar café na copa, eles também podem. Como sou maldosa. A Tininha era uma auxiliar muito querida das crianças e, provavelmente, só hoje viera tomar café na copa com o amiguinho... Venenosa? Eu? Não me reconheço! Mas hoje estou demais!

— Então a copa não é mais para a chefia, Dinorá?

— Eu fiquei sem graça de não deixar, dona Tera. Depois a Tininha é um amor...

— Você já pensou se em meu lugar entrasse o excelentíssimo?

— Nem quero pensar...

— Pois cuide-se! Tchau!

— Obrigada, dona Tera.

Ordenei às minhas pernas que me levassem para minha sala. Tinha relatórios a concluir e duas entrevistas a serem feitas. Precisava de sossego para escrever... Enquanto caminhava, fui pensando: raramente conseguia cumprir o plano do dia. Sempre o maldito expediente atropelava tudo. Planos de orientação individual, visitas às classes, escritura de relatos, preparação de reuniões, tudo ia por água abaixo diante de necessidades inesperadas tipo rachadura de cabeça, barata na sala de aula, professora passando mal, criança com febre, visitas não agendadas, entrevistas de emergência... Realmente, para fazer um trabalho de orientação educacional e pedagógica nos anos 90 é preciso muito jogo de cintura: saber, acima de tudo, lidar com o inesperado sem se deixar abater. Resolver problemas que surgem e, ao mesmo tempo, fazer com que o trabalho e a equipe evoluam. Santa evolução! Por causa dela o homem chegou à Lua, explodiu Hiroshima, poluiu... Sai, sai negativismo! Preciso sonhar um plano melhor. Aquele de não ter mais de viver apagando fogo (quantas vezes me senti bombeiro buscando um longínquo hidrante!). Já pensou? Lidar com o claro, o certo, o esperado. Lidar com o já previsto. Isto.

Se assim fosse, precisaria mudar de profissão. Mudar! Não precisar mais de jogo de cintura. Só de cintura. Afinal, pensar um pouco mais em mim. Escrever!

Escrever? O que há de previsto no ato de escrever? Muito pouco. A não ser a gestação que fica dentro cutucando, cutucando, até que um dia sai. Às vezes, não cutuca nada. Explode como espetáculo pirotécnico de São João e a gente se sente bem. E quando é preciso apagar o fogo é só usar o *delete* — hidrante muito próximo.

✳

Joãozinho e Maria, ou melhor, Tutti

✳

Dizia-se inovador. Dizia-se grande respeitador da criança. Baixinho, cabelos negros ondulados à altura do ombro, barbicha vasta, bigode, magro. A cada garfada de alimento, dava trinta mastigadas. O objetivo era triturar bem os alimentos e também comer menos. Pra que correr? Ficar uma hora mastigando o almoço (arroz, feijão, bife, batata frita e tomate) não tinha a menor importância. Ao terminar de almoçar, a digestão estaria praticamente pronta.

Outra mania do professor Joãozinho era namorar as orientadoras da escola. Teve também casos com professoras casadas. Mas não foi nada, não. Nenhum marido puxou-lhe as orelhas.

Era professor de Educação Física. As crianças, em geral, gostavam dele. Até o dia em que achavam que ele apitava mal o jogo e, aí, o amor transformava-se em ódio. Era difícil segurar o time que se considerava injustiçado. Praticamente toda aula dele tinha aluno na orientação reclamando. Também, ele só dava futebol, às vezes queimada e, muito raramente, pique-bandeira.

Todo final de bimestre esse professor tinha de fazer, como os demais, um relatório de cada criança. A orientadora corrigia o português, as idéias tronchas; estando prontos, eram datilografados (há dez anos o computador era bebê) e mandados aos pais.

Naquele começo de outubro de 1987, o encaminhamento dos relatórios já estava atrasado e a coitada da orientadora tinha todos os de Educação Física para ler porque, infelizmente, o professor também se atrasara.

Tutti estava fazendo leitura dinâmica para dar tempo. Foi então que, na metade da leitura de um relatório, resolveu voltar ao nome do aluno para ter certeza a respeito de quem o professor falava tão brilhantemente: aluno exemplar, companheiro, presente em todas as atividades, não deixava os *periféricos* se isolar tanto... Carlos Frederico da Silva Belmonte — o Carlos Frederico? Como? Se o tal aluno havia saído da escola em julho, não voltara para o segundo semestre! Ah, certamente o professor confundiu os nomes, vou verificar se ele não deixou de fazer os outros. Pensando, já se pôs em ação, conferindo nomes e relatórios.

Não, não! Havia relatórios de todos. E esse a mais, o do aluno transferido: Carlos Frederico. Resolveu conferir o diário de classe do professor para ver se o nome havia sido riscado, como combinara com todos na primeira reunião de agosto. E o professor Joãozinho estivera presente nessa reunião e ainda questionara a saída do aluno.

Tutti foi à sala dos professores e verificou o diário que estava no escaninho. E eis o que ela descobre: além de o nome do aluno não estar riscado, o diário estava em branco. Nem faltas o professor havia registrado para toda a classe.

Resolveu, então, fazer um teste com o professor. Esperou a hora do recreio e marcou com ele uma entrevista para o final do período. Ele logo perguntou:

— Por quê, querida, algum pepino?

— Mais ou menos. Precisamos conversar sobre o Carlos Frederico — explicou Tutti.

— Ah, sobre o Fredy. Tudo bem.

No final do período, lá foi Joãozinho falar com a orientadora.

— Manda ver logo, querida, que eu tenho compromissos...

— Gostaria que você me explicasse o que escreveu no relatório do Carlos Frederico.

— Mas o que eu escrevi que precisa de explicação?

POR TRÁS DOS MUROS DA ESCOLA

— Você se lembra do que falou?

— Mais ou menos. É o garoto que está com problemas de relacionamento, não é?

— Não!

— Eu não lembro o que escrevi. Fala logo!

— Releia o seu relatório. Tome, está aqui.

Tutti entregou o relatório e ficou esperando.

Joãozinho, terminando a leitura, falou:

— Qual é o problema? O Fredy está ótimo!

— É o Carlos Frederico da terceira B, certo?

— Certo! Terceira B. Bom aluno, alegre...

— Você se lembra da nossa primeira reunião do semestre?

— Mais ou menos, por quê?

— Eu passei a vocês a relação dos alunos transferidos. Eram três. Um deles, o seu amigo Fredy!

O professor passou a mão na cabeça, deu um sorriso amarelo e falou:

— Pô, que fora meu! É relatório demais! É aluno demais! Ainda bem que você lê tudo antes de mandar...

— Já pensou, professor, se a sua falta de atenção fosse divulgada?

— Nem por sonho, Tutti. Acho que é melhor esquecermos o incidente.

— Tem mais. Os seus relatórios são todos parecidos em todas as classes. Até parece que você fez um modelito para os bons, outro para os medianos e outro para os fraquinhos. É uma chatice ler os seus relatórios.

— Que é isso! Se você tivesse de fazer duzentos relatórios, compreenderia.

— Eu tenho de ler oitocentos relatórios. E corrigir. E tirar relatórios de alunos inexistentes... Quer mais?

— Desculpe. Procurarei estar mais atento nos próximos. Posso ir?

— Sim.

Joãozinho despediu-se e saiu no seu passo de ganso. Um ganso que acabara de perder algumas penas.

Pais adoram receber relatórios dos filhos, principalmente quando estão cheios de elogios. Professores fazem os relatórios quase sempre porque são obrigados. Mesmo porque esse é um tipo de trabalho raramente remunerado. Mas isso não justifica a desatenção do professor Joãozinho. Fico a pensar: por onde andam o amor, o respeito...

Toda escola deveria ser um centro também de respeito e de amor para com alunos, professores, doutores, autores. Onde a bruxa da vida fosse menos estereotipada e não precisasse morrer para ensinar alguma coisa.

Re-escrituras

Reescrevendo

✳

Dizem que *de médico e de louco todo o mundo tem um pouco.* Eu me atrevo a reescrever esse dito popular acrescentando: *de médico, de louco e de comadre, todo o mundo tem um pouco.* Acho que a *síndrome de comadre* é algo inerente ao ser humano. Todos gostam de comentar, palpitar, ou até mesmo imaginar situações da vida do outro. Essa síndrome se apresenta com os mais diversos sintomas: especulação, inveja, maldade, ou com um caráter mais positivo, evolutivo até. Nesse caso, a *síndrome de comadre* leva o indivíduo a manifestar um lado de solidariedade ao próximo. Às vezes, tem uma função até terapêutica na medida em que usa a experiência do outro para uma verdadeira autoanálise, ou estimula a criatividade, levando-o a imaginar *se não fosse assim como seria.* Ou, *em seu lugar o que eu faria...* Ou ainda *a experiência mostra que tal caminho não levou ao objetivo desejado, então...*

Assim, essa faceta do ser humano (como tudo em nosso universo) também reside num mundo de todas as possibilidades. Sinto que Iracy e eu tivemos uma crise da *síndrome* quando decidimos reescrever textos uma da outra. Certamente passou por nossa cabeça um dos sintomas: "Como seria a minha versão sobre os fatos deste caso...". Não descobrimos ou criamos nada, afinal, essa é uma técnica para desenvolver a criatividade na linguagem escrita, comumente usada nas aulas de redação das escolas de ponta. Temos vários exemplos literários, inclusive o livro *Missa do galo: variações sobre o mesmo tema*,* em que vários escritores como Antônio Callado, Autran Dourado, Julieta de Godoy Ladeira e outros mostraram abordagens diferentes dos personagens de Machado de Assis.

Apoiadas na História literária, demos asas à fantasia e *reescreve*mos, não o texto da outra, mas a idéia nele contida. O Tiago do Lago permanece com toda sua essência em ambos os textos, só que lembrado de forma diferente. A Revolução é a mesma, os danos deixados por ela também, mas a forma de abordagem é outra. Demos uma de *comadre* no texto da outra, satisfazendo a idéia do "E se eu escrevesse isso, como seria?". Foi muito gostoso o resultado da *séria-brincadeira*, pois descobrimos que mais forte que o caminho literário é o residual que fica da ação emocional do Homem. O que importa é a intensidade do friozinho que corre na barriga quando nossos pensamentos se transformam em palavras e eternizam nossa ação com a participação do outro por meio da leitura. Fica ainda a vontade de que nossos personagens sintam o quanto foram importantes na vida da Iracy, da Alba e de tantas outras Iracys e Albas que, com seus depoimentos, ajudaram a gerar este livro.

＊

---

* Lins, Osman (org.). *Missa do galo: variações sobre o mesmo tema*. São Paulo: Summus, 1977.

NEM TODAS AS ESTRADAS
LEVAM A UM PORTO 1

✳

Porque sempre fora uma pessoa especial — pau pra toda obra —, pensavam que ela jamais escorregaria. Michele, esse era o seu nome, conseguiu provar que existe tempo pra tudo. Até um tempo de torcer pescoço de criancinha.

Era quarta-feira. Cinzenta. A classe do pré, com sete anjinhos e sete *litlle demons*, aprontava de tudo. A cortina fora rasgada, a mesa maior da classe tinha cola por todos os lados. Johny roubava o lanche do amiguinho, Fernandinha mordera Val, Tiago do Lago pulava e gritava por nada. Michele, com toda a paciência e boa vontade, conseguia, aos poucos, aquietar as crianças e todos faziam trabalhos de forma organizada e entusiasta. Mas havia uma exceção: o Tiago do Lago. Esse não queria saber de nada. Corria. Gritava. A professora falava e nada!

Até que conseguiu que ele parasse e começaram a conversar. Ela acariciou-lhe a cabeça, perguntou da mãe, Naun, e do pai, Porto Do Lago, e ficou sabendo que um estava na Europa e outro na praia. Quem cuidava do Tiago? A Dinda (não era a da casa do Collor), a babá amiga, cuidava do Laguinho. A avó, dona Veridiana, aparecia quando dava tempo e sempre levava presentes para o neto: carrinhos, caminhões os mais modernos e às vezes até a pista. Mas agora a avó estava doente. E Tiago não sabia quando os pais voltariam.

Michele pegou a caixa com o material de Tiago e orientou-o para que desenhasse situações da vida privada, quer dizer, situações da vida dele.

Não contente com os lápis de cera, Tiago pegou pincel e tinta. Aí aconteceu. Todos tiveram alguma parte do corpo ou das roupas pintadas. E o *litlle angel* sorria, ria, delirava.

L L a a g g o o! Você vai limpar tudo, senão, senão...

Nisso, Tiago abre a porta que dava para uma varanda (a classe ficava no segundo andar do prédio) e corre. Michele vai atrás. Quando chega, o garoto está se dependurando na mureta e diz descontrolado:

— Vou me matar!

Michele se aproxima, o suficiente para falar próxima ao ouvido dele e num tom baixo:

— Está vendo aquela pedra pontuda? Se atira, mas olha bem direitinho que é para não errar e dar trabalho. Morrer de primeira. Já pensou, se você errar o alvo, poderá ficar aleijado, ter de viver de cadeira de rodas, nunca mais jogar, receber só comidinha na boca, quem sabe nem comidinha. Talvez você seja obrigado a tomar só líquidos, ou mesmo a coisa pode ficar tão preta que você não consiga nunca mais sair da cama...

Do Lago virou-se para ela, olhou-a, olhou para o chão, coçou a cabeça, tossiu e disse:

— É, mas eu vou deixar pra amanhã. Hoje estou muito cansado!

Michele não encontrou seu porto seguro nesse dia. Mas ganhou uma coroa vermelha do namorado — digo, rosa vermelha — e quis aprender braile.

Quem sabe dar aulas a cegos ampliasse a visão (!), pensara ela. Mas nada disso aconteceu. No dia seguinte, colocaram um garoto quase que totalmente surdo no grupo de alunos que ela dirigia.

No mês seguinte, soube que o pai do garoto matara uma pessoa e a mãe fugira com o motorista (e ela não era a filha da Grace Kelly).

E o Laguinho? *Azucrinou* a paciência de todos daquela escola até dezembro, quando mudou para o litoral para ficar perto do pai.

Conta-se que ele conseguiu formar-se e tornou-se um grande advogado. E muito rico. Só para tirar o pai da forca ganhara uma fortuna.

Coisas de escola! É.

✳

Nem todas as estradas levam a um porto 2

✳

... o Tiago do Lago. Esse não queria saber de nada. Corria.
Gritava. A professora falava e nada!

Iracy Rossi

Acho que meus pais estavam apressados quando me fizeram. Cresci com a impressão de que o que tenho dentro (sensações, sentimentos, desejos e emoções) é muito maior que a caixa que chamamos de corpo. É engraçado isso, pois nem sou tão pequeno assim: tenho 1,78 m (medidos na régua). Mas cinqüenta centímetros (medidos pela sensação). Sinto-me sempre apertado, aflito, querendo alcançar algo inatingível. Tudo pra mim tem gosto de *quero mais.*

E isso não é porque estou beirando os 33 anos, não! Sempre me senti assim. Mesmo sendo hoje um advogado de renome, com características de uma pessoa vista como normalmente bem, pois o meu emocional, se não equilibrado, ao menos foi bem tratado nestes oito anos com psicólogos e mais de quinze de terapias e análises.

É, mas sensações não analisam de modo tão racionalmente os fatos — elas simplesmente são. Chegam quando lhes dá na cabeça, sem aviso prévio, cuidados ou melindres. E hoje, em especial, estão muito fortes.

Acabei de chegar em casa, me servi de um drinque, coloquei um CD, sentei-me na poltrona que me permite levar a visão até a linha do horizonte, descortinando essa paisagem fantástica: meu jardim bem cuidado, o mar azul de Macau, as salinas ao fundo e, lá no horizonte, a emenda da terra com o céu que hoje se tingiu de ouro sobre o azul.

Quando essas intrusas sensações tomam todo o meu corpo, sentar-me aqui com esta visão costuma aquietá-las. Mas hoje não. E também não sinto vontade de lutar contra elas.

— Venham, sensações! Venham! Não sei como chamá-las, mas rogo que fiquem. Percorram velozmente minhas entranhas, minha cabeça, minhas veias. Façam uso do meu corpo, meus sentimentos, minhas idéias. Você *Medo*, você *Angústia*, você *Tristeza*... Cada um de vocês, tome seu lugar. Farte-se e depois deixe a sensação *Felicidade* e a sensação *Paz* tomar conta de mim!

Tiago do Lago fechou os olhos. Não resistiu. Deixou vir. Relaxou tanto o corpo na poltrona que deixou cair o copo das mãos. Ficou ali, largado para tudo o que viesse. Suas feições eram cópias nítidas de tudo o que levava n'alma. Lágrimas rolaram por seu rosto. Sorrisos, ora francos ora divertidos, surgiram em seus lábios. As rugas de expressão foram amenizando. No aparelho de som rodava o CD de clássicos da música popular americana — ouvia-se agora *the Voice* (o eterno Frank Sinatra) — e a música que ele cantava despertou Tiago daquele estado meio letárgico.

— Vejam só! Do que eu fui me lembrar agora?! "I left my heart in San Francisco" era a música predileta da Michele. Que engraçado eu me lembrar disso agora. Michele!... Foi a professora mais louca e, certamente por isso, mais adorável que tive na vida. Conseguia ser implacável quando brava e extremamente dócil e carinhosa.. Muito ativa com aqueles olhos de moleca séria (se é que isso é possível) sempre em alerta. Michele! Quanto trabalho eu dei a ela! Como será que ela está? Será que continua com o mesmo olhar? Talvez nem viva mais! Não, não pode ser. Ela não deve ser tão velha assim. Terá quantos anos agora? Cinqüenta? Sessenta?

E Tiago deixou que as lembranças tomassem conta dele. Lembrou-se de vários professores, colegas e das muitas escolas por onde passou. Lembrou-se do *menino Tiago.*

A senhora Naum, a mãe, estava sempre viajando, sempre trocando de marido e lutando desesperadamente pela juventude eterna, que era o que de fato importava a ela. O pai, o senhor Porto Do Lago, falido, tentava manter a imagem de *playboy* que conquistou no *jet-set* internacional à custa de loucas aventuras, sempre foi um grande ausente. Dele, Do Lago ao menos recebeu o incentivo para chegar a ser um advogado, já que uma das loucuras do senhor Porto Do Lago fora matar uma de suas amantes num momento de desvairados ciúmes e, com isso, Tiago resolveu se formar para um dia, quem sabe, conseguir *tirar o pai da forca.*

Com essa temerosa estrutura familiar, Tiago do Lago se valeu sempre da constante presença da Dinda — *uma babá quase perfeita.* Alimentava, banhava e vestia Tiago Laguinho. Apesar de ter uma cultura bastante limitada, era dona de uma incrível intuição e percebia claramente a carência do menino. Era uma amiga sempre presente. Carência que ficava muito visível também à dona Veridiana, avó paterna de Tiago, que tentava cobrir o ineficiente papel de pai que seu filho Porto demonstrava, enchendo o neto de presentes e mais presentes, e fazendo-lhe todas as vontades, como se isso fosse torná-lo menos carente.

Tiago continuou sentado ali naquela poltrona, recordando-se de sua infância. Pegou da mesinha ao lado o controle remoto do aparelho de som e acionou o *replay,* para ouvir novamente a música predileta de sua professora — a amiga Michele. Já não se via agora ansiedade ou tristeza em seu rosto. Talvez a sensação *Felicidade* (de um momento passado) ou a sensação *Paz* (pelas recordações daquele momento) tenham aliviado aquela pressão que sentia no peito.

A lembrança da professora Michele trouxe a imagem daquela quarta-feira cinzenta na pré-escola. Tiago tinha quase sete anos e, se normalmente era da pá virada, naquele dia estava extrapolando todos os limites e conseguindo enlouquecer até a Michele, que sempre demonstrou ser a mais paciente com ele.

Também pudera! — pensou alto Tiago — servindo-se de outro drinque. O que eu aprontei naquele dia arrepiaria até Jesus Cristo. Brinquei de pega-pega dentro da classe quando a professora saiu para pegar o giz, e rasguei num puxão a cortina. Passei uma rasteira no Pedro, comecei uma guerra de cola, falei pra gordinha, acho que era Fernanda o nome dela, que a Wal tinha mostrado a foto dela pelada pra todo o mundo — a menina ficou furiosa e tascou uma mordida na outra, que berrava como cabrito, e mais não sei quantas eu aprontei! Ah! Lembro-me também de que num trabalho de pintura comecei a pintar o meu corpo e o dos outros. Ah! Ah! Ah! Aquilo virou um pandemônio. Quando a Michele começou a gritar comigo, resolvi dar a última tacada, tentando livrar a minha pele: fui para o terraço e ameacei me atirar lá embaixo, usando a minha famosa *estratégia teatral*.

Nesse instante Tiago soltou uma gostosa gargalhada, pois recordou-se como aquela professora tinha enfrentado a situação de forma bastante antipedagógica, completamente louca, mas com o talento de quem sabia com quem estava lidando. E lembrou-se das palavras dela:

— Tiago, está vendo aquela pedra pontuda, lá embaixo, próxima da árvore grande?

— Estou! — gritou ele.

— Pois muito bem. Mire-a e só então se atire. Mas olha bem direitinho que é pra cair de cabeça *no alvo*. Morrer de primeira. Sem dar trabalho. Já pensou, se você errar o alvo, poderá ficar aleijado, ter de viver em cadeira de rodas, nunca mais jogar bola, receber só comidinha na boca — isso se puder comer, pois poderá ter de se alimentar só de líquidos. Enfim... ficar sem todas essas coisas boas da vida. Então, mira bem e aí se atira.

Que danada era a Michele! Soube dizer coisas erradas na aparência, só que na hora certa. Em segundos me mostrou quanta coisa boa a vida me dava. Como era louca!

— É... ela realmente *quebrou a minha*. Lembro-me de que fiquei todo sem graça e não encontrei nada melhor pra revidar, dizendo simplesmente que deixaria pra me matar no dia seguinte, pois estava muito cansado naquela hora!

Será que ela tem idéia de que hoje, mais de vinte anos depois, ela novamente me ensinou a viver melhor? Acabei de descobrir que tive também coisas muito boas em minha vida. Pessoas que, como a Michele, me amaram e tiveram formas diferentes de demonstrar esse amor. Será que ela imagina que hoje estou melhor do que ontem pelo simples fato de tê-la em minha lembrança?

Tiago olhou novamente pela janela. Seu peito já nem se lembrava do aperto. Sentia uma paz que havia muito não o visitava. Pousou o copo ainda cheio sobre o balcão do bar, afrouxou mais o nó da gravata, foi até a varanda, deitou-se na rede. Dormiu. Sonhou. Em seu sonho tinha sete anos e dormia aconchegado entre os seios de Michele.

✹

Mas... a revolução acabou?

✳

— Colégio Tal, boa tarde.

— Minha senhora, há aí alguém, com algum cargo, com o nome tal?

— Sim, senhor, é o nosso diretor.

— Quero falar com ele imediatamente.

— Qual seu nome, por gentileza.

— General Fulano de tal.

[...]

— Um momento que eu vou passar a ligação para a secretária dele.

— Pois não, o senhor deseja falar com quem?

— Já disse que com o diretor. Quem está falando é o general Fulano.

— Perfeitamente, senhor general. O senhor pode adiantar o assunto?

— Minha senhora, não tenho tempo a perder e o assunto é uma questão de segurança nacional, aliás, eu já tenho detidos aqui, em meu quartel, três conhecidos dele. Entendeu?

— Sim senhor, SENHOR!

A secretária ficou apalermada. Soltou o fone na mesa e saiu correndo em disparada para procurar o diretor. Enlouquecida, esqueceu-se da central telefônica que havia sobre sua mesa, pela qual podia comunicar-se com todos os ramais e, em vez disso, saiu procurando em todas as salas do caminho.

Ufa! Pensei que trabalhar em escola fosse o maior sossego. As palavras daquele homem não saem da minha cabeça. "... já tenho detidos aqui, no quartel, três companheiros dele". Que diabos aquele general quer com o diretor?

— *Vocês viram o diretor por aí?*

Meu Deus! Ele deve ser comunista, vai ver até que é do MR8 ou foi parceiro do Lamarca. Ah! Não é à toa que ele vive fazendo aqueles discursos socializadores da educação... por isso, ele teve aquela gastrite tão forte na época da queda do muro de Berlim e do regime comunista da Rússia. Mas como foram descobrir isso justo agora?

— *Vocês viram o professor Fulano por aí?*

Que escândalo, meu Deus! O pior é que vão achar que nós, funcionários, somos cúmplices da ação revolucionária do diretor e seremos perseguidos, quem sabe até torturados, pois certamente o próprio DOI-Codi* já nos vigia nesse momento.

— *Vocês viram o nosso digníssimo diretor por aí?*

Como posso ajudar numa situação dessas?! Oh! Meu Deus! Eu mesma estou encrencada e correndo perigo. Minha fisionomia não mudou tanto assim nesses anos todos e eles bem podem ter fotos daquela maldita passeata em que eu me meti. Mas não pude evitar, diante da situação que o país vivia e ainda por cima no meio em que eu vivia, morando na Casa Universitária... Eles precisam entender... É isso! Fui descoberta e por isso o general falou tão seco e ríspido comigo ao telefone. Ele deve achar que eu...

— *Você viu o diretor por aí?*

... Ele deve achar que eu sou cúmplice em atos de terrorismo praticados pelo meu diretor. É, só pode ser isso... Por isso falou em segurança nacional. Ai, meu Deus! Eu estou perdida.

---

* DOI-Codi ⁓ Departamento de Operações e Informações — Centro de Operações de Defesa Interna (para onde foram levados muitos amigos e alguns não voltaram...).

— *Escuta, você viu o diretor por aí?*

— Você já tentou a sala dele?

— A sala dele? É mesmo! Como não pensei nisso antes? A sala dele fica a dez passos da minha mesa... A secretária saiu correndo, com o mesmo desvario em direção à sala do diretor.

— Senhor diretor, com licença. É o general comandante-em-chefe do batalhão X que deseja falar-lhe sobre um assunto de segurança nacional, que já deteve três dos seus amigos e está uma fera.

— Dona Fulana, pára! Do que a senhora está falando?

— Estou falando... o... o que eu disse, ora!? É isso mesmo que eu falei.

— Quem é esse general, o que ele quer e onde está?

— Ele descobriu que somos camaradas, quer prender a nós todos e para começar quer falar com o senhor na linha B de bola.

O diretor, com estranheza, pega o telefone a aperta a tecla B:

— Alô! É o general Fulano? Como vai... desculpe-me pela demora. Do que se trata?

O diretor ouvia atentamente e começou a gargalhar em sua conversa com o general.

Acho que ele pirou, enlouqueceu, só pode ser isso. Vai ver que recebeu voz de prisão pelo telefone... É isso. Só pode ter enlouquecido, dando essas gargalhadas pelo telefone com um general da revoluç... REVOLUÇÃO?!! Meu Deus, a louca sou eu. Estamos em 1989, não tem mais revolução, acabou a perseguição política, não tem mais tortura e eu não tenho mais dezoito anos. Que ódio! Como pude permitir que esse desgraçado desse generalzinho de meia-tigela falasse comigo ao telefone no tom que falou?!

— E aí, senhor diretor, o que foi que aconteceu? O que esse general queria tanto com o senhor?

— A senhora viajou hein, dona?! Que trauma de revolução, nossa! Me faça um favor, peça ao motorista que prepare o carro que eu preciso ir até o quartel buscar o João, o Pedro e o Maurício da 7ª série.

— Mas o que aconteceu? O que o general tem a ver com tudo isso e o que os nossos alunos estão fazendo no quartel?

— Lembra-se daquele trabalho sobre cenas de São Paulo que o professor de Geografia está preparando para a Feira do Conhecimento? A 7ª série precisa tirar fotos da cidade.

— Sim, mas o que isso tem a ver com o general e o quartel?

— O trabalho não tem nada a ver. Só que os alunos esqueceram, aliás como a senhora, que a revolução acabou, mas a segurança em torno dos quartéis ainda se faz necessária e é uma questão nacional. *Só* foram pegos trepados no muro do quartel, tirando fotos do pátio interno. Adivinha, levaram uma carraspana do general. Vou buscá-los. Telefone para os pais dos alunos, a fim de não ficarem preocupados.

— Sei... sei... Ah! É, é... Eu não acredito! Só numa escola mesmo!

✳

Nostalgia

✳

> *Meu Deus! Ele deve ser comunista,*
> *vai ver até que é do MR8*
> *ou foi parceiro do Lamarca.*
>
> Alba Maria

Li hoje na *Folha*[1] um texto de Paul Singer[2] cujo título era "A nostalgia das revoluções perdidas". Também sinto saudade do tempo em que acreditávamos na revolução. "... Crer que estávamos lutando por um único evento libertador, decisivo e definitivo", como diz Singer no artigo, "dava muito alento." Sonhávamos que a revolução resolveria todos os problemas. Essa crença foi mudada, entre outras coisas, por motivos históricos e concordo com Paul que a esquerda muito ainda pode fazer: novas propostas, reformas e até lutar pela viabilização da tal de qualidade total (Singer não considera esse aspecto). Falar em qualidade total em nosso tempo é admitir a qualidade não total ou o termo qualidade não está ainda bem conceituado! — coisas de final do século, talvez. Deixando de lado divagações,

---

1. *Folha de S. Paulo* de 14/4/1996, caderno Mais.
2. Paul Singer — economista, professor da USP e pesquisador do Centro Brasileiro de Análise e Planejamento (Cebrap).

de fato a nostalgia das revoluções (perdidas?) remeteu-me a outro evento.

Era tempo em que ampliara minhas funções, segunda metade da década de 1980. Fazia minhas pesquisas sobre folclore, dava algumas aulas na faculdade e dirigia o colégio Boganville. É. Aquele colégio também era folclórico. A secretária, Marisa, nem se fala. Tinha neurose de passeata (mesmo tendo participado de uma nos tempos da Casa da Universitária), de milico, de revolução, de lugar fechado, de altura. Sua história? Bem, nunca fora de participar muito dos eventos, mas vivia as conseqüências deles. Logo depois de 1964, tivera um primo desaparecido (ele era da Economia da USP). Por isso, tanto ela como a família morriam de medo de protestos, de tudo o que lembrasse militar, militante... Aprendera, em função de tanto repetirem em seu ouvido, que Fernando — o primo — era o contra-exemplo. O jovem, que morava com um grupo, num tal de aparelho lá perto da Duque de Caxias, acreditava que o povo podia mudar o mundo, resolver os problemas graves do país. O pai de Marisa considerava-o um louco. Dizia que a resolução dos problemas do país estava nas mãos dos políticos. "Povo tem de ficar quieto, em casa, e cada um tem de pensar em si. Cada um cuida da sua vida. Essa história de resolver problemas da coletividade era coisa de comunista...".

Deu para compreender a neura da Marisa?

Naquela tarde de 1989, ela entrou em minha sala feito furacão, dizendo:

— Professor Iketu, o general comandante-em-chefe do batalhão Pena Azul deseja falar-lhe sobre um assunto de segurança nacional e já deteve três amigos seus e está uma fera!!

Até conseguir compreender que o general estava ao telefone, demorou. Soube depois que Marisa procurara por mim pela escola toda, esquecendo-se de usar a central telefônica e comunicar-se pelos ramais, tão abalada havia ficado. Coisas de traumas?

Atendendo ao telefone, desculpei-me pela demora e descobri que três alunos de 7ª série haviam subido no muro do quartel para tirar fotos para um trabalho que estavam fazendo. Lembrei-me de um tra-

POR TRÁS DOS MUROS DA ESCOLA   155

balho de fotos das 7as séries: cenas de São Paulo... Mas já haviam apresentado o trabalho! Eu vira as fotos expostas... Os três mosqueteiros foram pegos em cima do muro. Estavam detidos. E o general Otávio, educadamente, pediu-me que providenciasse a retirada dos jovens e *de lambuja* perguntou-me:

— Que raio de trabalho fazem seus alunos para terem de fotografar um quartel?

Para responder-lhe, adivinhei um pouco e imaginei também:

— Nossa escola incentiva muito o aluno a usar os mais diversos recursos em seus trabalhos. Podem desenhar, fazer gráficos, fotografar, filmar, dramatizar. No caso de João, Pedro e Maurício, os três adoram fotografia. O pai de um deles é o André Bocágio, grande fotógrafo paulistano.

— Está bem, está bem! As escolas têm mudado muito. Mas quem virá buscar os garotos?

— Eu mesmo irei, general. E muito obrigado.

— Passe bem, senhor diretor.

Pedi a Marisa que ligasse para as famílias virem pegar os garotos na escola e lá fui eu ao quartel.

Durante o percurso, apesar de jogar conversa fora com o motorista — sempre gostei de fazer isso com ele —, não conseguia tirar da cabeça a cara assustada de Marisa (*poor darling!*).

Perturbava-me também o fato de não saber que bendito trabalho estavam fazendo aqueles garotos. Como professor, sempre soube o que propunham meus colegas. Estava sempre por dentro de tudo. Como diretor, sentia-me afastado da realidade do dia-a-dia, o meu cotidiano era a burocracia, a administração e somente vez por outra me convidavam para assistir a alguma apresentação... E agora deparava com a 7ª série solta pelas plagas de São Paulo e eu nem sabia o porquê...

Feito o resgate dos heróis, muito conversamos no percurso até a escola.

— E, então, que trabalho os moços estavam fazendo para terem de fotografar o quartel, quer dizer, o pátio interno do quartel?

Percebi que os três se olharam, mas permaneceram mudos.

— Pedro, você pode explicar?

— Sabe, professor. Bem, é que era um trabalho livre...

— Como trabalho livre? De que matéria?

— Nenhuma — falou Maurício. — Sabe, meu (olhando para os amigos), o negócio é contar a verdade. Ele vai descobrir mesmo! Nós inventamos esse trabalho.

— Inventaram?

— É, minha mãe é pessoa muito... muito preocupada e não me deixa sair, andar de ônibus, essas coisas. A mãe do Pedro também. Já a mãe do João é toda intelectual, e foi ela quem ensinou a gente a fotografar. O pai dele deu essa bela máquina pra ele no fim de semana, pelo aniversário... O senhor sabe, né, seu Iketu, o pai do João é fotógrafo profissional de Arte e a mãe dele também é fotógrafa. Nós resolvemos estrear a máquina. Falamos que tínhamos um trabalho que exigia fotografia. Inventamos tudo. Ficou sendo trabalho da escola.

— Quer dizer que os malandrinhos resolveram sair por aí fotografando... Podem explicar por que o quartel?

— Lemos na *Veja* aquela reportagem dos *dedos-duros*, explicou Pedro. Soubemos das torturas que faziam nas prisões militares contra os que tinham opinião política de oposição. Lá na revista diziam que felizmente tudo isso acabou, que agora somos livres etc. e tal. Esse quartel era um dos citados. Quisemos saber, oras!

— É, mas fotografamos o Ibirapuera também. Aliás aquele lago está deixando a desejar...

— Pode parar, João! Já entendi tudo. Só preciso de mais uma explicação. Por que não pediram para ligar para suas casas para seus pais fazerem o resgate dos senhores?

— Professor Iketu, pedimos para ligar para o Colégio por uma questão de lógica — argumentou João. — Coerência. Falamos que estávamos fazendo trabalho de escola, logo...

— Muito bem! Tudo muito lógico! Só que ao chegarem à escola seus pais estarão esperando e aí eu quero ver. Vocês explicarão direitinho *tudo* a seus pais, inclusive o detalhe da *mãe preocupada*, certo?

POR TRÁS DOS MUROS DA ESCOLA 157

— Ih, por essa eu não esperava! Podia bem *quebrar essa* hein professor? Não sei por onde começar — comentou Maurício.

— Nem eu — acrescentou Pedro.

— Eu ajudo vocês. Explico a todos os pais juntos, certo?

— João, você é meu amigo — falou Pedro enquanto Maurício apertava a mão de João em gesto de agradecimento.

— Espera um pouco. A verdade será contada ou estou enganado?

— Vamos fazer assim — falou João. Depois o senhor fala com nossos pais e aí saberá se falamos tudo. Concorda?

Concordei e depois ri muito conversando com os pais dos garotos. Essa ocorrência fez com que o trio do muro se tornasse muito próximo de mim. Colaboradores, companheiros. Hoje devem estar na faculdade. Lembro deles e do fato com alegria. Quanto à Marisa, também não esqueci a fisionomia assustada. Hoje está casada e mudou-se para o litoral. Parece que a brisa do mar amenizou seus medos.

E a revolução perdida? Não é a revolução que está perdida. É a nostalgia que está em mim. Saí daquela escola sem ter concluído a revolução que sonhara. E, hoje, o texto — não seria o título do texto? — trouxe-me lembranças. Não se trata das teorias neoliberalistas apontadas por Paul Singer. Nem da invenção de uma nova utopia. Trata-se, agora, da teoria da curvatura da vara[3] visível em mim.

Buscando o meu eixo, sonho com a Paz. Nostalgicamente.

✳

---

3. Segundo Lenin, *quando a vara está torta, ela fica curva de um lado e, se você quiser endireitá-la, não basta colocá-la na posição correta. É preciso curvá-la para o lado oposto.* (Citação de Demerval Saviani em *Escola e democracia,* 18ª ed. São Paulo: Cortez, 1987.) (N. A.)

Autobiografias

Nasci Alba, filha de pessoas que acreditavam que a oportunidade de estudar e buscar conhecimento é o grande privilégio pelo qual o ser humano deve lutar — estimular outros a vivenciar essa experiência é dever de cada um que recebeu o dom da vida. Agradeço sempre a sabedoria de meus pais. Estudei e levei minha vida ensinando e ajudando os outros a estudar.

Gostei. Aperfeiçoei-me — formação de professores, pedagogia, aprofundamento nos diversos temas da educação. Há quase trinta anos embarquei na canoa da educação e gostei do movimento das águas. Atuei em poucos colégios de São Paulo, mas por muito tempo. Em meu caminho, vivi experiências fantásticas. Trabalhei com egressos da Febem, educação de adultos e escolas privadas classe A. Fui professora, orientadora, coordenadora e assessora educacional e pedagógica. Criei jogos pedagógicos; desenvolvi projetos de alfabetização por meio de histórias infantis e contos de fadas; apresentei palestras a pais, educadores e empresários da educação; e, o mais gostoso de tudo isso, convivi com milhares de crianças, adolescentes e jovens.

Ao lado do meu companheiro, descobri que a vida é muito mais bela do que um dia pude imaginar. Ele me ensinou que sonhar é a essência da vida. Sinto que conseguimos mostrar isso a dois lindos seres que habitam nossa vida: nossos filhos.

Conheci gente. Trabalhei gente. Troquei com gente. Ouvi e li gente. Por isso me tornei mais gente. Agora... Escrevo sobre gente!

✳

Penapolense (SP), na cidade de Pena (Afonso Pena) me criei. O nascimento foi em 4/10/43 e, com pesar, aos vinte anos de lá me retirei para fazer faculdade na capital.

Lutei com dificuldades para estudar. Mas o empenho de meus pais — tiveram de vender o único terreno que possuíam para que eu pudesse me manter em São Paulo até conseguir algum trabalho —, a bolsa parcial que consegui na Faculdade "Sedes Sapientiae", o ter conseguido morar na Casa da Universitária, onde 25 moças do interior dividiam despesas, tudo isso permitiu que eu fizesse o curso de Letras e realizasse um sonho.

Nos anos de 1960, a admiração pelo escrever, a reverência aos escritores sonhadores moviam o meu caminhar, além das passeatas...

Os Ginásios Vocacionais de Maria Nilde Mascellani foram a minha grande escola do aprender a ser educador. Mal terminei a faculdade, lá estava eu em Rio Claro, vivendo os últimos anos de Vocacional — experiência extirpada pelo governo, pelos militares, por ser avançada no tempo e constituir, de fato, uma experiência renovada que dava à educação a oportunidade de conflitar (se indignar). Do Vocacional fui para o estado, em São Paulo, carregando sonhos de professora recém-formada e "podada" já na sua primeira vivência. A adaptação ao sistema estadual de trabalho foi difícil, mas um ano depois o trabalho no Instituto Municipal de Educação e Pesquisa (Imep) fez com que a alegria ocupasse meu coração. A aprendizagem do Vocacional poderia ser aproveitada e atualizada. Que ilusão! Um ano e meio depois, a experiência também era encerrada "porque já cumprira o seu papel". Parti, dessa forma, para novas possibilidades em escolas particulares. Pelo menos, nelas, algumas experiências eram bem-vindas e a prática poderia atualizar muito do que eu já havia aprendido. Fiz, na época, o curso de Pedagogia. Com o tempo, cursos de especialização e reciclagem foram engrossando o meu currículo.

Hoje, aposentada, continuo a trabalhar em educação porque ela tem sido a minha vida e por ser impossível viver de aposentadoria. Parece que estamos caminhando para uma retomada da educação no país e, quem sabe, o educador seja mais valorizado — um dos personagens mais importantes da ação educativa, o grande motor das revoluções, da humanização.

Considero ter vivido bem a minha vida até aqui. No final de 1996, trabalhei pela implantação de um Telecurso 2000 na escola particular onde atuo, curso esse que se destina não só a funcionários, como também à comunidade. Desse trabalho resultou não só uma classe de recepção organizada de Telecurso como classes de alfabetização de adultos, já em funcionamento. O trabalho tem sido realizado por voluntários.

Continuo aprendendo e percebo que tenho o que compartilhar. Uma pequena bagagem, é verdade. Mas cá ando a sonhar.

LEIA TAMBÉM

AMAR UMA CRIANÇA
Dicas para expressar o afeto no cotidiano
Judy Ford

Num texto conciso, em pequenos capítulos, e de leitura agradável, este livrinho encantador é indicado para pais, tios, avós, professores, gente que lida com crianças, que ama crianças e que gostaria de "aquecer" sua forma de comunicação com elas. São sugestões de brincadeiras ou pequenos gestos no cotidiano, com emoção, responsabilidade e muita risada. A autora é terapeuta, orientadora educacional e mãe de "produção independente". REF. 20535.

O TAO DA EDUCAÇÃO
A filosofia oriental na escola ocidental
Luzia Mara Silva Lima

A autora, professora universitária e campeã mundial de kung fu, escreve sobre sua trajetória profissional na área da educação, tendo a arte marcial como um de seus principais instrumentos. O objetivo é ajudar o aluno a ter acesso à sua consciência e se desenvolver como um ser humano integral. Indicado para profissionais que trabalham com jovens e crianças. REF. 20719.

SATO, O POETA NADADOR
Ana Figueiredo

Sato, um mestre no completo sentido da palavra, ensinou várias gerações de paulistanos a nadar bem. Mais do que isso, ele preparou seus discípulos para a vida. Ana Figueiredo recolheu vários trechos de suas falas durante anos e, com amor e dedicação, fez um livro-poema muito zen. Para as pessoas que conheceram Sato e para aquelas que anseiam por mestres. REF. 20718.

HISTÓRIAS QUE EDUCAM
Conversas sábias com um professor
Ruy Cezar do Espírito Santo

O autor é um conceituado educador que gosta de estimular seus alunos para o autoconhecimento e para o despertar da espiritualidade. Trabalhando em sala de aula com o livro *Histórias que curam*, de Rachel N. Remen, Ruy inspirou-se para escrever este livro. Outros educadores, por sua vez, sentir-se-ão inspirados pela sensibilidade e poesia desta obra. REF. 20794.

IMPRESSO NA
sumago gráfica editorial ltda
rua itauna, 789 vila maria
02111-031 são paulo sp
telefax 11 **6955 5636**
sumago@terra.com.br

------------------------------ dobre aqui ------------------------------

> ISR 40-2146/83
> UP AC CENTRAL
> DR/São Paulo

CARTA RESPOSTA
NÃO É NECESSÁRIO SELAR

O selo será pago por

05999-999 São Paulo-SP

------------------------------ dobre aqui ------------------------------

POR TRÁS DOS MUROS DA ESCOLA

------ recorte aqui ------

CADASTRO PARA MALA-DIRETA

Recorte ou reproduza esta ficha de cadastro, envie completamente preenchida por correio ou fax, e receba informações atualizadas sobre nossos livros.

Nome: _____ Empresa: _____
Endereço: ☐ Res. ☐ Coml. _____ Bairro: _____
CEP: _____-_____ Cidade: _____ Estado: _____ Tel.: ( ) _____
Fax: ( ) _____ E-mail: _____ Data: de nascimento: _____
Profissão: _____ Professor? ☐ Sim ☐ Não Disciplina: _____

1. Você compra livros:
☐ Livrarias ☐ Feiras
☐ Telefone ☐ Correios
☐ Internet ☐ Outros. Especificar: _____

2. Onde você comprou este livro? _____

3. Você busca informações para adquirir livros:
☐ Jornais ☐ Amigos
☐ Revistas ☐ Internet
☐ Professores ☐ Outros. Especificar: _____

4. Áreas de interesse:
☐ Psicologia ☐ Comportamento
☐ Crescimento Interior ☐ Saúde
☐ Astrologia ☐ Vivências, Depoimentos

5. Nestas áreas, alguma sugestão para novos títulos? _____

6. Gostaria de receber o catálogo da editora? ☐ Sim ☐ Não

7. Gostaria de receber o Ágora Notícias? ☐ Sim ☐ Não

Indique um amigo que gostaria de receber a nossa mala-direta

Nome: _____ Empresa: _____
Endereço: ☐ Res. ☐ Coml. _____ Bairro: _____
CEP: _____-_____ Cidade: _____ Estado: _____ Tel.: ( ) _____
Fax: ( ) _____ E-mail: _____ Data de nascimento: _____
Profissão: _____ Professor? ☐ Sim ☐ Não Disciplina: _____

Editora Ágora
Rua Itapicuru, 613 7º andar 05006-000 São Paulo - SP Brasil Tel (11) 3872-3322 Fax (11) 3872 7476
Internet: http://www.editoraagora.com.br   e-mail: agora@editoraagora.com.br

cole aqui